대원 문재현 선사

바로보인
환단고기

桓檀古記

③

'바로보인 출판사'는 대한불교정맥전승회에서 운영하고 있습니다.
대한불교정맥전승회 삼원선원은 아래와 같습니다.

삼원선원(본원)	487-830, 경기도 포천군 내촌면 음현리 140번지
	전화 031-531-8805
광주 삼원선원	506-453, 광주광역시 광산구 오운동 115-3
	전화 062-944-4088
서울 삼원선원	151-802, 서울특별시 관악구 남현동 1056-1 에스파빌딩 3층
	전화 02-597-2460, 02-522-0122 전송 02-597-2460
부산 삼원선원	612-012 부산광역시 해운대구 좌동 1464-4 리더스빌딩 4층
	전화 051-744-2460

바로보인 불법 ❾
바로보인 환단고기 3

중판 1쇄 박은날 단기 4338년, 불기 3032년, 서기 2005년 4월 1일
중판 1쇄 펴낸날 단기 4338년, 불기 3032년, 서기 2005년 4월 10일

역   저 대원 문재현 선사
펴 낸 곳 도서출판 바로보인
          151-802, 서울특별시 관악구 남현동 1056-1 에스파빌딩 3층
          전화 02-597-2460, 02-522-0122 전송 02-597-2460
등록번호 1993.10.20. 제15-169호

편집·정리 윤주영
제작·입력 정행태
자료정리   윤인선
자료수집   신양숙, 김혜경
인   쇄 광성문화사
제   본 성문제책사

ⓒ 문재현, 2005, printed in Seoul, Korea

잘못된 책은 바꾸어 드립니다.
값 12,000원

ISBN 89-86214-69-5 04900
ISBN 89-86214-66-0 (전5권)

바로보인 불법 ❾

바로보인 환단고기 3

단군조선의 역사

대원 문재현 선사 역저

1권 · 삼신일체사상
2권 · 총론 / 태초~배달국
3권 · 단군조선
4권 · 북부여~고려
5권 · 부록 / 환단고기 원문

도(道)의 큰 근원은 삼신에게서 나왔으니
도는 이미 상대가 없는 것이며 무엇이라 이름할 수도 없습니다.
상대가 있으면 도가 아니며 이름할 것이 있으면 또한 도가 아닙니다.
도에는 항상한 도라는 것마저 없으니 때에 따르는 도라야 귀한 것입니다.
이름은 항상하는 이름이 없이 백성들을 편안하게 하는 것이라야 비로소 이름의 실다움이라 할 수 있습니다.
밖으로는 이보다 더 큰 것이 없고, 안으로는 이보다 작은 것이 없으니 도는 머금지 않은 것이 없습니다.

환단고기 태백일사 삼한관경본기 중 마한세가 상편 중에서

지시정안송(指示定安頌)

모양이란 모양을 여의고
이름이란 이름을 여의어
이러-히 밝고 밝은 이것이
가없어 변함없는 너니라

대도는 고요히 비어서
있거나 없음을 초월하니
비추거나 행하려고 하지 말고
마음을 맑히려고도 하지 말라

취하고 버림이 없어서
바람 탄 배 같이 지낸다면
자연히 태평하게 되리니
이것이 곧바로 극락이다

언제나 이와 같은 도로써
현실을 대하고 응하여
생사중에 꿈꾸는 이들을
어여뻐 여겨서 제도하라

대원(大圓) 문재현(文載賢)

서문

　정법이 바로 뿌리내리지 못하여 깨달음에 이르고자 하는 많은 이들이 방황하며 허송세월하는 것이 안타까워 선서(禪書)를 번역하였듯, 인류 정신과 문명의 근원이었던 제 나라 역사를 바로 알지 못해 외국의 것만을 경배, 선호하는 전도된 인식이 안타까워 『바로 보인 환단고기』를 역저하여 펴내게 되었다.

　또 하나, 열매맺기 전 가을 태풍의 시기를 거쳐 인류가 최고의 복락을 누릴 환원의 시대를 예비하려 하였다. 성인의 맥을 이은 환단(桓檀)의 자손으로 선조의 정신이자 조상의 역사를 밝히고자 한 것은 당연지사이거니와, 더불어 바로 우리 선조의 삼신일체사상이야말로 환원의 시대가 비롯되는 21세기를 주도할 정신이기에 앞서 제시한 것이다.

　본래 인류가 모두 환인의 자손으로 하나였으며, 다시금 인류가 세계일화(世界一花)로 낙원을 영위할 환원의 시대를 맞이하여, 선조의 삼신일체의 진리와 자랑스러운 역사가 더욱 빛날 것을 믿어 의심치 않는다.

이번에 이 『바로보인 환단고기』를 펴내는 데 있어서 진성, 진연, 묘심, 도명, 혜성이 각 도서관을 찾아다니면서 자료를 찾는 일에 혼신을 다했을 뿐만 아니라 윤문, 원문대조, 입력, 편집, 지도를 문헌에 의해 찾아 그려 넣는 등의 일을 보통 새벽 2, 3시까지 계속하였다.

특히 진성 윤주영은 가정 주부로서 5개월 여간을 집에 들어가지 못한 채 체력의 한계점까지 이르는 상태에서 나와 머리를 맞대고 숙의에 숙의를 거듭해서 그르침이 없이 하는 데 최선을 다하였다. 그러나 사람의 일이라 어찌 완벽하다고 단언할 수 있으랴.

강호제현(江湖諸賢)의 깊은 조언을 바라마지 않으면서 두서없는 서문을 맺는다.

단기(檀紀) 4334년
불기(佛紀) 3028년
서기(西紀) 2001년 4월 1일

무등산인 대원 문재현
(無等山人 大圓 文載賢)

차례

서 문 7
일러두기 11

단군조선 17
진한의 역대 왕 20
마한의 역대 왕 22
번한의 역대 왕 24
단군세기 서 28
1. 건국 과정 36
2. 구환의 종족 39
3. 삼신신앙과 제천의식 40
4. 단군조선의 정치 46
5. 단군조선의 사회상 49
6. 문자의 유래와 전승 51
7. 역대 단군 연표 73

　　1세 단군 왕검 73　　　　2세 단군 부루 84
　　3세 단군 가륵 93　　　　4세 단군 오사구 100
　　5세 단군 구을 108　　　6세 단군 달문 110
　　7세 단군 한율 117　　　8세 단군 우서한 118
　　9세 단군 아술 120　　　10세 단군 노을 122
　　11세 단군 도해 124　　　12세 단군 아한 130
　　13세 단군 흘달 133　　　14세 단군 고불 139

15세 단군 대음 141
17세 단군 여을 149
19세 단군 구모소 155
21세 단군 소태 159
23세 단군 아홀 171
25세 단군 솔나 176
27세 단군 두밀 185
29세 단군 마휴 189
31세 단군 등올 194
33세 단군 감물 197
35세 단군 사벌 201
37세 단군 마물 211
39세 단군 두홀 214
41세 단군 음차 217
43세 단군 물리 219
45세 단군 여루 233
47세 단군 고열가 241

16세 단군 위나 146
18세 단군 동엄 152
20세 단군 고홀 157
22세 단군 색불루 163
24세 단군 연나 175
26세 단군 추로 181
28세 단군 해모 187
30세 단군 내휴 191
32세 단군 추밀 195
34세 단군 오루문 199
36세 단군 매륵 207
38세 단군 다물 213
40세 단군 달음 216
42세 단군 을우지 218
44세 단군 구물 221
46세 단군 보을 236

지명 찾기 247
참고문헌 252

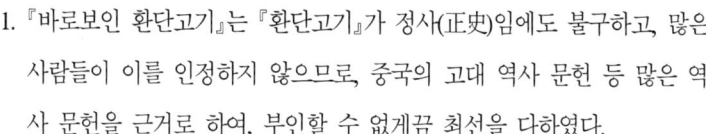

일러두기

1. 『바로보인 환단고기』는 『환단고기』가 정사(正史)임에도 불구하고, 많은 사람들이 이를 인정하지 않으므로, 중국의 고대 역사 문헌 등 많은 역사 문헌을 근거로 하여, 부인할 수 없게끔 최선을 다하였다.

2. 『환단고기』는 다음과 같이 구성되어 있다.

안함로의 삼성기전(三聖紀全) 상편
원동중의 삼성기전(三聖紀全) 하편
이 암의 단군세기(檀君世紀)
범 장의 북부여기(北夫餘紀)
이 맥의 태백일사(太白逸史) ─┬─ 삼신오제본기(三神五帝本紀)
                         ├─ 환국본기(桓國本記)
                         ├─ 신시본기(神市本記)
                         ├─ 삼한관경본기(三韓管境本紀) ─┬─ 마한세가(馬韓世家) 상편
                         ├─ 소도경전본훈(蘇塗經典本訓) ├─ 마한세가(馬韓世家) 하편
                         ├─ 고구려국본기(高句麗國本紀) ├─ 번한세가(番韓世家) 상편
                         ├─ 대진국본기(大辰國本紀)   └─ 번한세가(番韓世家) 하편
                         └─ 고려국본기(高麗國本紀)

이 책들을 대종교도이자 독립운동가였던 계연수님이 1911년 한 권으로 묶었으며, 계연수님의 뜻에 따라 제자인 이유립씨가 수십 년 뒤인 1979년 세상에 내놓았다.

『바로보인 환단고기』에는 이러한 『환단고기』의 모든 서적의 내용이 전혀 훼손되거나 변조되지 않은 가운데, 역사의 흐름이 한 눈에 들어올 수 있도록 시대순으로 엮고, 각 분야별로 나누어 제목을 달아 체계적으로 정리하였다.

예를 들어 「삼성기전 하편」을 보면 "환국(桓國)의 말년에 안파견(安巴堅)이 삼위(三危)·태백(太白) 모두를 내려다보고, 가히 인간을 널리 유익하게 할 만한 곳이라고 여겨, 누구를 시키는 것이 좋겠느냐고 하자, 오가(五加)가 모두 말하기를, 서자 중에 환웅(桓雄)이 있는데 용맹스러움에 어짊과 지혜로움을 겸하였으며, 일찍이 인간을 널리 유익하게 하는 데에 뜻을 두고 있었으니, 그를 태백에 보내 다스리게 하십시오."라는 대목이 있고, <신시본기> 중『조대기(朝代記)』를 인용한 부분에 "이때에 사람은 많고 생산은 적었으므로 살아갈 길이 없는 것을 걱정하였는데, 서자부(庶子部)에 대인(大人) 환웅이 있어 대중의 형편을 깊이 살펴, 하늘에서 내려와 일(一)인 광명세계를 땅 위에 열고자 결심하였다. 이때에 안파견(安巴堅)이 금악(金岳)·삼위(三危)·태백(太白)을 두루 살펴보자, 태백이 가히 인간을 널리 유익하게 할만 하였으니 환웅에게 명하였다."라는 대목이 있다.

이 두 서적의 내용을 서로 연결하여 하나의 흐름이 되도록 한 것이 배달국의 기원과 유래편의 "환국의 말년에 안파견이 아래로 금악(金

岳)·삼위(三危)·태백(太白) 모두를 내려다보고, 태백이 가히 인간을 널리 유익하게 할만한 곳이라고 여겨 '누구를 시키는 것이 좋겠는가?'라고 하였다.

이때에 사람은 많고 생산은 적어 살아갈 길이 없음을 걱정하였는데, 서자부의 대인인 환웅이 대중의 형편을 깊이 살펴, 하늘에서 내려와 일(一)인 광명세계를 땅 위에 열고자 결심하였다.

이에 오가가 모두 말하기를, '서자 환웅이 있는데 용맹스러움에 어짊과 지혜로움을 겸하였으며, 일찍이 인간을 널리 유익하게 함으로써 세상을 태평하게 할 뜻을 지니고 있으니, 그를 태백에 보내어 다스리게 하는 것이 좋겠습니다.' 하였다."라고 한 대목이다.

이렇게 『바로보인 환단고기』는 최대한 『환단고기』의 구성을 따르면서, 내용 전달을 위해 필요하다고 생각하는 부분은, 한 글자도 삭제하거나 변조하지 않는 한도 내에서 과감하게 재구성하였다.

조금도 본문의 내용을 가감하거나 변용하지 않으면서, 흩어진 내용을 일목요연하게 하여 역사의 맥을 이룬다는 것이 쉽지 않았다.

또한 각 시대마다 뒤죽박죽 시점이 뒤엉켜있는 내용을, 삼신일체사상(三神一體思想)과 사회·문화 등 각 분야별로 나누는 것도 어려운 일이었다.

간간이 재구성한 부분에 대한 이유를 ( ) 안에 넣었다. 여기에 대해 더욱 자세히 살피고 싶은 이는 5권에 『환단고기』 원문을 실었으니 참고하기 바란다.

내가 '나'를 모르듯 스스로의 뿌리를 알지 못하는 이 시대에, 우리 역사를 한 눈에 볼 수 있도록 하기 위해서 이것은 꼭 필요한 작업이었다고 믿으며 많은 시간과 노력을 들인 이 일이 헛되지 않기를 바랄 뿐이다.

3. 『환단고기』에 나오는 각 지명의 현 위치를 뒤의 지명찾기에 달아놓았다.

4. 『바로보인 환단고기』를 간편하게 들고 다니면서 탐독할 수 있도록 해달라는 많은 이들의 요청으로 인해 전 5권으로 재판하게 되었다.

『바로보인 환단고기』 1권에서는 민족정신의 정수(精髓)이자 우주의 영원한 역사인 『환단고기』의 삼신일체사상이 총정리되어 있다.

'제1장 환단고기의 삼신일체사상', '제2장 환단고기의 삼신일체를 설한 경전', '제3장 삼신일체사상에 대한 연구'로 이루어져 있다.

1장과 2장에는 삼신일체사상에 대한 『환단고기』 본문과 그것을 바로 보이기 위한 주해가 실려 있으며, 3장에는 삼신일체사상에 대해 연구·조사해 놓은 글들이 실려 있다.

각 장마다 제목을 달고 다음 페이지에 그 장의 구성을 설명해 놓았다.

2권은 역사총론과 태초에서 배달국까지의 역사가 실려 있다.

역사총론에서는 인류의 시원으로부터 대륙의 직맥에 이르기까지 큰 흐름을 밝혀 놓았다. 바른 역사인식을 위해, 또한 『환단고기』의 내용을 제대로 이해하기 위해 꼭 필요한 것이므로 반드시 먼저 자세히 읽어보기를 권한다.

그 뒤로『환단고기』본문 중 태초로부터 환국, 배달국의 고대역사를 재구성하여 주하여 놓았으며, 각 장 앞에 제목을 달고 다음 페이지에 그 장의 구성을 설명해 놓았다.

3권은 단군조선의 역사에 대한『환단고기』본문과 주를 실었으며, 4권은 북부여로부터 고구려, 발해, 고려의 역사에 대해『환단고기』본문과 주를 실었다. 주는『환단고기』의 역사 기록을 중국과 국내의 서적을 통해 증명하고, 역사의 흐름을 읽을 수 있도록 전체적인 안목에서 재해설한 것이다.

5권에는 부록을 실었는데, 부록의 '제1부 역사의 길잡이'에서는 근원으로부터 역사를 보는 시각을 열어주고자 하였으며, '제2부 일제의 역사 왜곡'에서는 일제의 역사 왜곡과 이를 바로잡고 증명하는 내용을 담았다. 여기에는 크게 문제가 되었던 일본 교과서 왜곡에 대한 이야기도 담겨 있다. '제3부 바로 보인 우리 역사' 이후에『환단고기』원문을 실었다.

* 중국 전도 - 본문이나 주해의 내용을 읽을 때 지역과 위치 참고용

단군조선

　단군조선편의 '1. 건국과정' ~ '5. 단군조선의 사회상'까지는 『환단고기』 본문의 단군조선에 대한 내용을 뽑아 연결하고 각 분야별로 정리하여 제목을 붙이고 주를 달았다. '6. 문자의 유래와 전승'에서는 문자의 기원과 그 전승된 이치를 바로 살펴보게 하기 위하여 <소도경전본훈>의 문자에 대한 모든 기록을 따로 발췌하여 정리하였다. '7. 역대단군연표'에는 『환단고기』의 「단군세기」와 「태백일사」 중에서 1대에서 47대 고열가까지 역대 단군의 치적과 마한세가·번한세가의 내용을 정리하여 놓았다.

　이때는 사변이 왕성해져 삼신일체가 완전히 신앙으로 굳어짐에 따라 제천의식이 성했던 시기이다. 삼신일체의 이치가 신앙화된 것은 성품의 이치 자체가 일상이 아니라 돌아가 의지하고 회귀하여야 할 고향이 된 까닭이며 그만큼 사변으로 벌어져 갔다는 것을 의미한다.
　그러나 앞에서도 이야기했듯 이때에 사변으로 벌어졌다 하나 지금 사변에 떨어져 매한 것과는 비교할 수 없이 다르다. 환인 시절이 이변 속에서 사변이 행해졌던 시기이며, 환웅 시절이 사변과 이변이 각각 분명했던 시기였다면, 단군 시절은 사변 속에 이변이 행해진 시대이다.
　환인, 환웅, 단군으로 이어지는 세 시대의 통치자들은 모두가 성현이었으며 따라서 이 모든 시대가 이상적인 성군(聖君) 시대였다.
　물론 배달국 시대 말기에 이르러 열심히 일을 해도 굶주리는 어려운 때가 있기는 했으나, 중생세계로 벌어져 나와서는 언제나 굴곡이 있고 낙차가 있는 법이어서, 단군 왕검이 다시 배달국의 낙원과 같은 시절을 회복시켰다.

 단군 시대에는 사변을 행하는 가운데 항상 이변으로 회귀하려는 마음으로 생활했기 때문에 제천의식이 크게 발달하였고 아직은 이변의 이치에 맞도록 사변을 운용하고자 하던 시대여서 여전히 안락하고 풍요한 태평성대였다.

 배달국 시대 말기 구려가 다스리던 수많은 종족들은 각각 나름대로의 자립체제를 마련하였으니 성인이 교화하신 법인 삼신일체의 이치에 귀의하여 복종하였던 종족들 중 통치와 교화가 직접적으로 미치지 않은 먼 지역의 종족들이 시간이 흐름에 따라 도를 잃고 교화 지도부에 대치하게 되었다. 그리하여 구려의 모든 종족을 통합하여 교화하기 위해서 강력한 중앙집권통치가 필요해졌다. 이러한 정치적·사회적인 이유에서도 신인의 덕과 뛰어난 통치력을 지닌 단군이 만인의 존경과 추앙을 받으며 천왕의 아들로 추대된 것이다.

진한의 역대 왕

47세 2,096년

世	왕 명	단 기	서 기	재 위
1	왕 검 (王 儉)	원년(무진)	기원전 2333	93
2	부 루 (扶 婁)	93(신축)	2240	58
3	가 륵 (嘉 勒)	151(기해)	2182	45
4	오사구 (烏斯丘)	196(갑신)	2137	38
5	구 을 (丘 乙)	234(임술)	2099	16
6	달 문 (達 門)	250(무인)	2083	36
7	한 율 (翰 栗)	286(갑인)	2047	54
8	우서한 (于西翰)	340(무신)	1993	8
9	아 술 (阿 述)	348(병진)	1985	35
10	노 을 (魯 乙)	383(신묘)	1950	59
11	도 해 (道 奚)	442(경인)	1891	57
12	아 한 (阿 漢)	499(정해)	1834	52
13	흘 달 (屹 達)	551(기묘)	1782	61
14	고 불 (古 弗)	612(경진)	1721	60
15	대 음 (代 音)	672(경진)	1661	51
16	위 나 (尉 那)	723(신미)	1610	58
17	여 을 (余 乙)	781(기사)	1552	68
18	동 엄 (冬 奄)	849(정축)	1484	49
19	구모소 (緱牟蘇)	898(병인)	1435	55
20	고 홀 (固 忽)	953(신유)	1380	43
21	소 태 (蘇 台)	996(갑진)	1337	52
22	색불루 (索弗婁)	1048(병신)	1285	48
23	아 홀 (阿 忽)	1096(갑신)	1237	76
24	연 나 (延 那)	1172(경자)	1161	11

世	왕 명	단 기	서 기	재 위
25	솔 나 (率 那)	1183(신해)	기원전 1150	88
26	추 로 (鄒 魯)	1271(기묘)	1062	65
27	두 밀 (豆 密)	1336(갑신)	997	26
28	해 모 (奚 牟)	1362(경술)	971	28
29	마 휴 (摩 休)	1390(무인)	943	34
30	내 휴 (奈 休)	1424(임자)	909	35
31	등 올 (登 屼)	1459(정해)	874	25
32	추 밀 (鄒 密)	1484(임자)	849	30
33	감 물 (甘 勿)	1514(임오)	819	24
34	오루문 (奧婁門)	1538(병오)	795	23
35	사 벌 (沙 伐)	1561(기사)	772	68
36	매 륵 (買 勒)	1629(정축)	704	58
37	마 물 (麻 勿)	1687(을해)	646	56
38	다 물 (多 勿)	1743(신미)	590	45
39	두 홀 (豆 忽)	1788(병진)	545	36
40	달 음 (達 音)	1824(임진)	509	18
41	음 차 (音 次)	1842(경술)	491	20
42	을우지 (乙于支)	1862(경오)	471	10
43	물 리 (勿 理)	1872(경진)	461	36
44	구 물 (丘 勿)	1908(병진)	425	29
45	여 루 (余 婁)	1937(을유)	396	55
46	보 을 (普 乙)	1992(경진)	341	46
47	고열가 (古列加)	2038(병인)	295	58

마한의 역대 왕

35세

世	왕 명	단 기	서 기	재 위
1	웅백다 (熊伯多)	원년(무진)	기원전 2333	54
2	노덕리 (盧德利)	55(임술)	2279	50
3	불여래 (弗如來)	104(임자)	2229	49
4	두라문 (杜羅門)	153(신축)	2180	
5	을불리 (乙弗利)			
6	근우지 (近于支)	197(을유)	2136	29
7	을우지 (乙于支)	226(갑인)	2107	
8	궁 호 (弓 戶)			
9	막 연 (莫 延)			
10	아 화 (阿 火)	394(임인)	1939	75
11	사 리 (沙 里)	409(정사)	1864	58
12	아 리 (阿 里)	527(을묘)	1806	90
13	갈 지 (曷 智)	617(을유)	1716	83
14	을 아 (乙 阿)	700(무신)	1633	83
15	두막해 (豆莫奚)	783(신미)	1550	78
16	독 로 (瀆 盧)	837(기축)	1472	101
17	아 루 (阿 婁)	962(경오)	1371	48
18	아라사 (阿羅斯)	1046(무오)	1323	38
19	여원흥 (黎元興)	1048(병신)	1285	53
20	아 실 (阿 實)	1101(기축)	1232	
21	아 도 (阿 闍)			
22	아화지 (阿火只)	1242(경술)	1091	96
23	아사지 (阿斯智)	1278(병술)	995	61
24	아리손 (阿里遜)	1399(정해)	934	

世	왕명	단기	서기	재위
25	소 이 (所 伊)			
26	사 우 (斯 虞)	1579(정해)	기원전 754	77
27	궁 홀 (弓 忽)	1656(갑진)	677	
28	동 기 (東 杞)			
29	다 도 (多 都)	1745(계유)	588	79
30	사 라 (斯 羅)	1824(임진)	509	
31	가섭라 (迦葉羅)			
32	가 리 (加 利)			
33	전 내 (典 奈)			
34	진을례 (進乙禮)			
35	맹 남 (孟 男)	1967(을묘)	366	

▷태백일사 삼한관경본기 중 마한세가

번한의 역대 왕

74세

世	왕 명	단 기	서 기	재 위
1	치두남 (蚩頭男)	원년(무진)	기원전 2333	82
2	낭 사 (琅 邪)	82(경인)	2251	13
3	물 길 (勿 吉)	95(계묘)	2238	51
4	애 친 (愛 親)	146(갑오)	2187	
5	도 무 (道 茂)			
6	호 갑 (虎 甲)	235(계묘)	2098	26
7	오 라 (烏 羅)	261(기축)	2072	57
8	이 조 (伊 朝)	318(병술)	2015	40
9	거 세 (居 世)	358(병인)	1975	15
10	자오사 (慈烏斯)	373(신사)	1960	14
11	산 신 (散 新)	387(을미)	1946	53
12	계 전 (季 佺)	440(무자)	1893	49
13	백 전 (伯 佺)	489(정사)	1844	18
14	중 전 (仲 佺)	507(을미)	1826	56
15	소 전 (少 佺)	563(신묘)	1770	43
16	사 엄 (沙 奄)	606(갑술)	1727	
17	서 한 (棲 韓)			
18	물 가 (勿 駕)	669(정축)	1664	64
19	막 진 (莫 眞)	733(신사)	1600	46
20	진 단 (震 丹)	779(정묘)	1554	36
21	감 정 (甘 丁)	815(계유)	1518	
22	소 밀 (蘇 密)			

世	왕명	단기	서기	재위
23	사두막 (沙豆莫)			
24	갑비 (甲飛)			
25	오립루 (烏立婁)	892(경신)	기원전 1441	
26	서시 (徐市)			
27	안시 (安市)	940(무신)	1393	41
28	해모라 (奚牟羅)	981(기축)	1352	19
29	소정 (小丁)	1000(무신)	1333	48
30	서우여 (徐于餘)	1048(병신)	1285	61
31	아락 (阿洛)	1109(정유)	1224	40
32	솔귀 (率歸)	1149(정축)	1184	47
33	임나 (任那)	1196(갑자)	1137	32
34	노단 (魯丹)	1228(병신)	1105	13
35	마밀 (馬密)	1241(기유)	1092	18
36	모불 (牟弗)	1259(정묘)	1074	20
37	을나 (乙那)	1279(정해)	1054	40
38	마휴 (摩休)	1319(정묘)	1014	2
39	등나 (登那)	1321(기사)	1012	29
40	해수 (奚壽)	1350(무술)	983	17
41	오문루 (奧門婁)	1367(기묘)	966	12
42	누사 (婁沙)	1379(정묘)	954	28
43	이벌 (伊伐)	1407(을미)	926	26
44	아륵 (阿勒)	1433(신유)	900	64

世	왕 명	단 기	서 기	재 위
45	마 휴 (麻 休)	1497(을축)	기원전 836	51
46	다 두 (多 斗)	1548(병진)	785	33
47	내 이 (奈 伊)	1581(기축)	752	6
48	차 음 (次 音)	1587(기미)	746	10
49	불 리 (不 理)	1597(을사)	736	
50	여 을 (余 乙)	1597(을사)	736	29
51	엄 루 (奄 婁)	1626(갑술)	707	4
52	감 위 (甘 尉)	1630(무인)	703	30
53	술 리 (述 理)	1660(무신)	673	10
54	아 갑 (阿 甲)	1670(무오)	663	15
55	고 태 (固 台)	1685(계유)	648	14
56	소태이 (蘇台爾)	1699(정해)	634	18
57	마 건 (馬 乾)	1717(을사)	616	11
58	천 한 (天 韓)	1728(병진)	605	10
59	노 물 (老 勿)	1738(병인)	595	75
60	도 을 (道 乙)	1813(신사)	520	15
61	술 휴 (述 休)	1828(병신)	505	34
62	사 량 (沙 良)	1862(경오)	471	18
63	지 한 (地 韓)	1880(무자)	453	15
64	인 한 (人 韓)	1895(계묘)	438	38
65	서 울 (西 蔚)	1933(신사)	400	25
66	가 색 (哥 索)	1958(병오)	375	34

世	왕 명	단 기	서 기	재 위
67	해 인 (解 仁)	1992(경진)	기원전 341	1
68	수 한 (水 韓)	1993(신사)	340	17
69	기 후 (箕 詡)	2010(무술)	323	8
70	기 욱 (箕 煜)	2018(병오)	315	25
71	기 석 (箕 釋)	2043(신미)	290	39
72	기 윤 (箕 潤)	2082(경술)	251	19
73	기 비 (箕 丕)	2101(기사)	232	11
74	기 준 (箕 準)	2112(경진)	221	27

▷태백일사 삼한관경본기 중 번한세가

 환단고기 본문

*단군세기 서

　나라를 잘 되게 하는 길은 선비의 기개보다 앞서는 것이 없고 사학(史學)보다 급한 것이 없으니 이것은 무슨 까닭인가.
　사학이 밝지 못하면 선비가 기개를 떨쳐 일어나지 못하고, 선비가 기개를 떨쳐 일어나지 못하면 나라의 근본이 흔들려서 정치와 법이 어지러워지기 때문이다.
　사학의 도리에 견주어서 비판해야 할 자는 비판하고 칭찬해야 할 자는 칭찬하며, 인물을 평가하고 시대의 형편을 논의하여 알아낸 것은 모두 만세의 표준으로 삼지 않을 것이 없다.
　이 백성이 생겨난 지 오래되었으니 창세의 조목과 순서를 또한 증거하여 바로잡고자 하는 것은, 나라가 역사와 더불어 있고 사람이 정치와 더불어 드러나기 때문이니, 모두가 나 자신의 일보다 먼저 하고 또 소중히 여겨야 한다.

　아! 정치는 그릇과 같고 사람은 도와 같으니, 그릇이 어찌 도를 여의고 있을 수 있겠는가. 나라는 형상과 같고 역사는 혼과 같으니 형상이 어찌 혼을 잃고 보존될 수 있겠는가.

도(道)와 그릇을 함께 닦을 자는 곧 나 자신이요, 형상과 혼을 널리 펼 자도 또한 나이므로 천하의 만 가지 일은 먼저 나를 아는 데 있으니 나를 알려면 무엇부터 알아야 하겠는가. 그것은 삼신일체의 도이며, 그 도는 대원(大圓)인 일(一)의 뜻이 있다.

　조화(造化)의 신(神)이 가없어 나의 성(性, 성품)이 되고, 교화(敎化)의 신이 가없어 나의 명(命, 목숨)이 되며, 치화(治化)의 신이 가없어 나의 정(精, 정기)이 되니 사람이 만물 중에 가장 귀하고 높다.

　그래서 성(性)이란 신의 뿌리이며 신은 성이 근본이 되니 성이 곧 신이 아닌가. 밝고 밝아 어두워지지 않는 기(氣, 만물 생성의 근원)도 곧 참다운 성이다.

　그러므로 신(神)은 기(氣)를 여읠 수 없고 기는 신을 여읠 수 없어서 내 몸의 신과 기가 나뉨이 없다. 내 몸의 성과 명을 가히 본 후라야, 성이 명을 여의지 않고 명이 성을 여의지 않아서 내 몸의 성과 명이 나뉨이 없다.

　그러므로 내 몸의 비롯함 없는 신(神)인 성(性)과, 비롯함 없는 기(氣)인 명(命)을 본 후라야 성품의 영묘한 깨달음이라 할 것이다. 천신과 더불어 그 근원과 명을 같이 하는 현생(現生)이며, 산천과 더불어 그 기(氣)와 정(精)을 같이 하는 영속(永續)이라, 만백성과 그 업(業)을 같이 함이다. 이는 곧 하나가 셋을 머금고 셋이 일치하여 하나로 돌아가는 것으로서, 마음을 고요히 하여 변하지 않는 것이 참된 나이며, 신통하여 만 번을 변화하나 일신(一神, 본성품의 신령함) 이니, 참된 나는 일신이 거처하는 궁전인 것이다.

이 참된 근원을 알고 법에 의해 수행하면 길하고 상서로움에 스스로 이르니 광명이 항상 비칠 것이다. 이것이 곧 하늘과 사람이 서로 어울리는 때이며, 삼신의 계맹(戒盟)을 지킨 인연으로 비로소 넓고 큰 일(一)에 돌아감이다.

　때문에 *성(性)·명(命)·정(精)은 형상 없는 삼신일체의 상제(上帝)라, 우주만물과 더불어 혼연한 동체(同體)이며, 심(心)·기(氣)·신(身)과 더불어 자취 없이 영원한 것이다. 형상 없는 감(感)·식(息)·촉(觸)은 환인의 근본이라 세계만방에 모두 베풀어 더불어 같이 즐거워하니, 천(天)·지(地)·인(人)의 함이 없는 스스로 화함이다.

　그러므로 그 가르침을 받고자 하는 자는 먼저 나 자신부터 바로 세워야 하며, 형상을 고쳐 새롭고자 하는 자는 먼저 형상 없는 것부터 고쳐야 할 것이니, 이것이 곧 나를 알고자 그 일도(一道)를 구하는 것이다.

　아! 원통하도다. 부여에는 부여의 도가 없어진 뒤이기에 한인(漢人)이 들어왔고, 고려(高麗)에는 고려의 도가 없어진 뒤이기에 몽고가 들어온 것이다. 만일 그때 제도에 앞서 부여에 부여의 도가 있었다면 한인은 한으로 돌아갔을 것이며, 고려에 고려의 도가 있었다면 몽고는 몽고로 돌아갔을 것이다.

　아! 원통하다. 전에 *오잠(吳潛)과 *유청신(柳淸臣)이 도리에 어긋나는 의논으로 은밀히 백 가지 귀신과 더불어 밤에 돌아다녔으며, *남생(男生)과 *발기(發歧)는 반역을 꾀하는 이들과 서로 호응하여 합세하였으니, 나라를 위하는 자가 어찌 도와 그릇을 다 잃고 형상과 혼이 다 전

멸되는 때에 스스로 평안하겠는가.

 지금 외인이 정치를 간섭함이 갈수록 더욱 심해지고 왕위를 물려주는 일과 다시 왕위에 오르는 일을 다 저들의 마음대로 하는데, 우리 대신들은 손을 묶고 아무런 대책도 없으니 이것은 무슨 까닭인가.

 나라에 역사가 없고 형상이 혼을 잃었기 때문이다. 일개 대신의 능력으로는 아직도 나라를 구할 말을 할 수 없으니, 온 나라 사람들이 나라를 구하리라 스스로 기약하고 나라를 구하는 데 유익한 것을 찾아야 나라를 구하는 말을 할 방도를 얻을 수 있을 것이다.

 그러면 나라를 구하는 길은 어디에 있는가. 앞에서 말한 바와 같이 나라에 역사가 있고 형상에 혼이 있어야 한다. 신시가 개천하면서 스스로 전통이 있었고, 나라가 그 전통에 의하여 섰으며, 백성은 그 전통으로 말미암아 일어났으니, 사학이 어찌 중요하지 않겠는가.

 이것을 써서 「단군세기」의 머리말로 삼는 것을 기쁘게 여긴다.

 효경대왕(孝敬大王, 고려 31대 공민왕) 12년 계묘 10월 3일 강도(江都) 해운당(海雲堂)에서 홍행촌(紅杏村) 늙은이가 쓰노라.

주 해

「단군세기」서의 간절하고 간곡한 말씀이 『바로보인 환단고기』를 내는 뜻과 다르지 않다.

옛 조상들은 참으로 지혜롭게 과거·현재·미래를 통틀어 역사의 참뜻과 인류가 나아갈 바를 밝혀 놓으셨다.

역사의 주인은 인간이며 스스로 성품의 근본인 진리에 눈떠야만 참 역사의 장을 열 수 있다는 것을 이토록 분명히 일러 놓으시지 않았는가. 나라가 쇠한 것도 오직 참 성품의 도가 흐려졌기 때문이며, 나라를 구하는 것도 역시 이 참 도를 세우는 데에 있다 하셨으니 혼을 잃은 몸이 아무 소용이 없듯 만물의 근원인 진리와 그에 의해 영위한 삶인 역사를 잃는 것은 참으로 곧 죽음과도 같은 것이다.

국적을 알 수 없는 문화가 판치고 있다 해도 끝끝내 바른 역사인식과 천부·교화·치화의 진리를 잃지 않는다면 우리 민족은 근원으로부터 비롯하여 근원으로 되돌아가는 순리에 의해 환원의 시대를 만나 더욱 크게 꽃피고 열매 맺는 시절을 맞이할 것이다.

*단군세기(檀君世紀)

「단군세기」는 고려말 이암(李嵒)이 공민왕 12년(1363)에 지은 것으로 알려져 있는데, 이 책에는 47대 2,096년에 이르는 단군조선의 임금 이름과 재위기간 및 치적 등이 기록되어 있다.

*성(性)·명(命)·정(精)은 형상 없는 ~ 함이 없는 스스로 화함이다

일(一)이 하늘에 있으면 삼신(三神) 즉 천(天)·지(地)·인(人)이요, 사람에 있으면 삼진(三眞) 즉 성(性)·명(命)·정(精)이라 하였다. 일(一)이 하늘에 있다고 한 것은 대시(大始)의 본성품을 말한 것이다. 일(一)이 사람에 있다고 한 것은 사람의 성품인 자성을 말한 것이다.

성·명·정에서 차츰 사변으로 이루어지는 데에서 심(心)·기(氣)·신(身), 감(感)·식(息)·촉(觸)으로 벌어져 갔다.

감·식·촉은 느낌, 호흡, 닿음으로 심·기·신을 통해 사변으로 벌어져 가고, 심·기·신을 통해 외부에서 들어오는 세 갈래 길이다.

성·명·정이 형상 없는 삼신일체의 상제라는 것은 성·명·정을 성품에 머금은 사람이 곧 삼신일체의 상제라는 뜻이다. 우주만물과 더불어 혼연한 동체라는 것은 본래 가없는 성품인 사람이 역시 가없는 성품의 화한 바인 우주만물과 더불어 서로서로 즉한 바라는 것이다.

따라서 심이니 기니 신이니 하지만 성·명·정 삼진(三眞)이니 곧 본성품인 일(一)로서 영원한 것이다. 형상 없는 감·식·촉이 환인의 근본이라는 것은 오직 본성품의 능력으로 영위하는 함이 없는 함이 곧 환인이라, 환인은 일신의 화현으로서 몸이 몸 아니라 그 영위함이 곧 몸이요, 몸이라 하나 오직 가없는 능력의 영위함일 뿐이라는 것이다.

세계만방과 더불어 한 번 베풀어 같이 즐거워하니, 천·지·인의 함이 없는 스스로 화함이라는 것은 세계만방·천지만물 또 그 영위함이라는 것이 오직 본성품의 능력이라는 뜻이다. 우리가 형상이라고 부르는 것과 보고 듣고 아는 일체가 가없는 성품 밖의 것이 아니어서, 나고 듦이 없고 움직임이 있을 수 없는 묘한 움직임, 곧 묘유(妙有)인 것이다.

*오잠(吳潛)

고려 충렬왕 때의 간신. 노래를 짓고 가무를 관람시키는 등 성색(聲色)으로 임금의 마음을 사로잡고 총애를 미끼로 임금 부자를 이간하였으며 어진 신하를 모해하였다. 훗날 충선왕 때에도 여전히 간신 노릇을 해 해독이 많았다.

*유청신(柳淸臣)

고려 충렬왕 때의 간신. 충렬왕과 충선왕 때 몽고어를 공부하고 원과의 외교에 능하여 총애를 받았다. 충숙왕 때 원나라로 가서 고려 왕위를 빼앗으려는 매국 반역 음모를 꾸미다 발각되었다.

*남생(男生)

고구려 보장왕 때 연개소문의 맏아들. 막리지 자리를 아우 남건에게 빼앗기자 당나라에 망명해서 고구려 정벌의 길잡이가 되어 조국을 멸망시킨 반역자이다.

연개소문이 세 아들에게 막대기를 묶어서 부러뜨려 보게 하고 낱개로 부러뜨려 보게 하고는 이처럼 너희들이 뭉치면 살고 흩어지면 죽는다는 유언으로 신신당부했건만 권력과 사욕에 눈이 먼 이들은 결국 민족사에 어이없고 쓰라린 흉터를 남기고 만다.

역사라는 것이 이래도 인간의 일, 마음의 일이 아니라 할 것인가. 연개소문 당시 연개소문의 강인함과 결단력이 고구려를 강성하게 하였듯, 그 아들들의 어리석고 탐욕스러운 마음은 고구려같이 큰 나라를 단숨에 멸망시키고 말았다.

*발기(發歧)

고구려 9대 고국천왕의 아우로 10대 산상왕의 형이다. 고국천왕이 죽은 뒤 왕위가 동생(산상왕)에게 양위된 것에 분개하여 요동 태수의 군사를 빌어 난을 일으켰다가 실패하여 자결하였다.

1. 건국 과정

 환단고기 본문

왕검의 아버지는 단웅(檀雄)이요, 어머니는 웅씨의 왕녀이다. 신묘 5월 2일 인시에 단수(檀樹) 밑에서 태어났는데 신인(神人)의 덕이 있어 멀고 가까운 모든 사람들이 우러러 복종하였으니, 나이 14살인 갑진년에 웅씨 왕이 그 신성함을 듣고 뽑아 올려 비왕을 삼고 대읍(大邑)의 국사(國事)를 대행하게 하였다.

무진 당요 때에 *단국(檀國)으로부터 와서 아사달의 단목(檀木) 있는 곳에 이르니, 나라 사람들이 천왕의 아들로 추대하였다. ▷단군세기에 인용된 옛 기록

웅족 가운데 단국이 가장 강성하였는데 뒤에 신인(神人) 왕검 역시 하늘로부터 불함산 단목 언덕에 내려와 이르렀다. 나면서부터 지극히 신령스러운 덕과 성인의 어짊을 겸하였으니 이에 능히 명을 받들어 하늘을 계승하였다. 구환의 삼한 관경을 원만히 통합하여 신시의 옛 법

을 회복하고 나라의 법도를 세워 높고 널리 드날렸다. 나라 사람들이 모두 받들어 단군이라 하였으니 이분을 단군 왕검이라 한다.

천하가 크게 다스려져 온 세상이 천신과 같이 보았다. 구환의 백성들이 모두 기뻐하여 지성으로 복종하고 추앙하면서 천제의 화신이라 하였다.

서울을 아사달에 정했으며 나라를 열어 조선이라 하였다.

(윗 대목은 「삼성기전 상편」, 「단군세기」, <삼신오제본기>의 세 기록을 합한 것이다. 「삼성기전 상편」과 「단군세기」의 기록은 거의 일치했으나 <삼신오제본기>의 기록은 이와 같은 내용이면서도 표현과 순서가 약간씩 달랐다. 그래서 각각 번역하려 하니 내용상으로는 또한 너무 한결같아 부득이 두 내용을 서로 얽어짜듯 하나가 되게끔 구성하였다)

이에 나라 사람들을 불러서 서약을 세우고 말하였다.

"지금부터는 백성들을 좇아 공정한 법을 만들어서 이것을 천부(天符)라 할 것이니, 천부란 만세의 근본이 되는 경전이요 지극히 존귀하여 범할 수 없는 것이다." ▷태백일사 중 삼한관경본기

*단군은 단정히 손을 마주 잡고 함이 없는(無爲) 고요한 세계에 앉아 현묘함에 계합한 도로써 모든 중생들을 제접하여 교화하였다. ▷삼성기전 상편

구환을 하나로 만들어서 신성한 교화를 널리 펴니 단군 왕검이라 하였는데 비왕의 자리에 24년 재위하였고, 천왕의 자리에 93년 재위하였으며 수는 130세였다." 하였다. ▷단군세기에 인용된 옛 기록

이로부터 숭보의 예가 영세토록 변하지 않았다. ▷태백일사 중 삼신오제본기

주 해

*단국(檀國)

단군조선의 5가 64족 중의 하나로 짐작된다. 당시는 한 종족이 모여 사는 지역을 국(國)이라 했다.

*단군은 단정히 손을 마주 잡고 ~ 중생들을 제접하여 교화하였다

이 대목 역시 단군 왕검 때까지 제정일치의 왕이 신인일체의 경지에 있었음을 단적으로 보여 주고 있다. 함이 없는 고요한 세계라는 것은 정(定), 삼매(三昧) 즉 부동심(不動心)을 말하고 현묘함에 계합한 도라는 것은 그 가운데 모든 이치에 통달하여 베풀어 쓰되 함이 없이 자유자재한 것을 말한다.

2. 구환의 종족

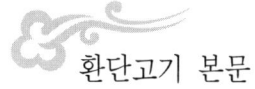
환단고기 본문

구환의 종족은 다섯 종류로 나뉘어졌는데 피부색과 생김새로 구별되었다. 색족(色族)은 이렇다.

황부(黃部)의 사람은 피부가 조금 누렇고 코가 높지 않으며 볼이 높고 머리카락이 검으며 눈은 평평하고 동자가 검다.

백부(白部)의 사람은 피부는 맑으며 볼이 높고 코도 높으며 머리카락은 잿빛과 같다.

적부(赤部)의 사람은 피부가 붉은 구릿빛이며 코는 낮고 곧으며 이마는 넓고 뒤로 기울어졌다. 머리카락은 곱슬머리이고 빛과 모양은 황부 사람과 비슷하다.

남부(藍部) 사람은 풍족(風族) 또는 종색종(棕色種)이라 하고 그 피부는 검은 갈색이며 생김새는 황부 사람과 같다. ▷태백일사 중 삼신오제본기

(이 대목이 <삼신오제본기>에 부여가 언급되는 등 후대 기록과 두서없이 섞여있어 부여의 기록은 시대에 맞게 옮겨 주고, 구환의 종족을 언급하는 이 부분은 환국편에 전 인류의 개념으로 실었다가 <삼신오제본기>의 서술 순서를 존중하여 여기에 싣는다)

3. 삼신신앙과 제천의식

 환단고기 본문

　삼한의 옛 풍속은 모두 10월 상순에 나라 안 사람들이 크게 모여 *둥근 단[圓壇]을 쌓아 하늘에 제사 지냈고 땅에 제사 지낼 때는 네모난 형태로 흙을 높이 쌓아 올린 제단[方丘]에서 지냈으며, 조상에게 제사 지낼 때는 각목(角木)에서 지냈다. 산의 환웅상은 모두가 그 유법(遺法)이다.

　하늘에 제사 지냈는데 한(韓, 왕)이 반드시 스스로 제사 지냈으니, 그 예법이 매우 성행했던 것을 알 수 있다.

　이 날 멀고 가까운 곳의 남녀들이 모두 생산된 물건을 가져다 올리고, 북 치고 나팔 불며 백 가지 놀이를 모두 함께 하였으며, 여러 작은 나라들도 모두 와서 방물을 바쳤으니, 진기한 보물이 산언덕처럼 두루 쌓였다.

　대개 백성을 위해 재앙을 물리쳐 줄 것을 빌었으니 곧 관경이 번성하도록 하기 위한 것이었다.

　*소도의 제천은 구려(九黎) 교화의 근원이었으며 이로부터 책화로써

이웃끼리 잘 지내고, 있고 없는 것을 서로 융통하여 문명을 이루고, 평등하게 개화(開化)하여 다스리니, 천하에서 제사의식을 훌륭히 차려서 숭상하지 않는 이가 없었다.

아이 낳기를 기원하는 것은 삼신에게 하고 벼가 익기를 기원하는 것은 업(業)에게 하였다. 산은 많은 사람들이 부지런히 일하여 함께 사용하는 곳이었고 업은 생산 작업의 신이 되니 업주가리(業主嘉利)라고도 하였다.

집터에 발원(發願)하는 것은 토주대감(土主大監)에게 했고, 가택(家宅)에 발원하는 것은 성조대군(成造大君)에게 했는데, 해마다 경사스러운 복을 이루어 주는 신들이었다. 묘지와 고기잡이, 짐승사냥, 전쟁, 군대의 이동이나 배의 출항 등 길을 떠날 때에도 모두 제사가 있었으니 제사 때에는 반드시 날을 가려서 심신을 가다듬고 삼가하여 이로움을 이루었다.

소도가 서는 데에도 모두 계율이 있었으니 충(忠)·효(孝)·신(信)·용(勇)·인(仁)인 오상 (五常, 사람이 지켜야 할 다섯 가지 도리) 의 도였다. ▷태백일사 중 삼신오제본기

원화(源花)는 여랑(女郎), 남자는 화랑(花郎) 또는 천왕랑(天王郞)이라 했으며, 천왕의 명으로 오우관(烏羽冠)을 하사받았는데 그 관을 봉할 때 주관하는 의식이 있었다. 큰 나무를 환웅 신상이라 하고 그것에 절하였으니, 신수(神樹)를 계승하여 웅상(雄常)이라 한 것인데, 상(常)의 의미는 불변의 도로써 자유자재한 것이다. ▷태백일사 중 삼신오제본기

개천 1565년 상달(10월) 3일에 신인 왕검(神人王儉)이 오가의 제일가는 무리 800명을 거느리고 단목 있는 곳에 와서 무리들과 함께 삼신에게 제사 지냈는데, 조서(詔書, 임금이 긴요한 정사를 신하와 백성에게 포고하는 명령 문서)에 말하였다.

"*하늘의 법은 오직 일(一)이니 그 문은 둘이 아니어서 너희가 오직 순수한 정성으로 일(一)인 마음이면 하늘에 이르를 수 있다.

하늘의 법은 항상 일(一)이며 사람의 마음도 일치되면 동일하니, 꾸밈 없는 자신을 마음으로 지켜서 사람다운 마음에 이르러 사람의 마음이 교화에 일치하면 또한 하늘의 법에도 부합되어 이를 써서 만방을 널리 다스리게 된다.

너희는 오직 어버이로부터 났고, 어버이는 하늘에서 내려왔으므로 오직 너희가 어버이를 공경해야 하늘을 공경하는 것이 되며 나라에 미치게 될 것이다.

이것이 곧 충효이니 너희가 이 도(道)를 잘 본받으면 하늘이 무너지는 일이 있어도 반드시 먼저 벗어나 화를 면하게 된다.

새나 짐승도 쌍이 있고 헤진 신발도 짝이 있는 법이니, 너희 남녀는 서로 화합하여 원망하지 말며 질투하지 말고 음란하지 말아야 할 것이다.

너희의 열 손가락을 깨물어 보아라. 그 차이가 없을 것이다. 너희가 서로 사랑하여 헐뜯지 말고, 서로 도와 싸우지 말아야 가정과 나라가 흥할 것이다.

너희는 소와 말을 보아라. 마치 꼴을 나누어 먹듯 너희도 서로 양보하여 남의 것을 빼앗는 일이 없어야 하며, 함께 일하여 도둑질하는 일이 없어야 나라와 가정이 번성할 것이다.

너희는 범을 보아라. 사납고 신령스럽지 못하여 요사스러운 일을 일으킨다. 너희가 타고난 성품을 해치지 않으려면 사납거나 교만하지 않아 사람을 상하는 일이 없어야 할 것이니, 항상 하늘의 법을 준수하여 만물을 사랑하고, 기울어지는 것을 붙들어 주고, 약한 자를 업신여기지 않고, 불쌍히 여겨 남을 건져주고, 천한 자를 업신여기지 않아야 한다. 너희가 이 법을 어기면 오래도록 신의 도움을 얻지 못하여 자신과 집안마저 없어질 것이다.

너희가 만일 논과 밭에 불을 질러 곡식이 다 타서 죽으면 신과 사람이 노여워 할 것이니 아무리 두꺼운 것으로 싼다 해도 그 냄새는 반드시 새어 나올 것이다.

그러므로 너희는 떳떳한 성품을 경건히 가져서 간사한 마음을 품지 말고, 악한 일을 숨기지 말며, 화(禍)되는 마음을 쌓아 두지 말아야 한다.

하늘을 정성들여 공경하고 백성과 친하면 복록(福祿)이 무궁할 것이니, 너희 오가(五加)의 무리는 이것을 받들어 행하라." 하였다. ▷단군세기

주 해

*둥근 단(圓壇)을 쌓아 하늘에 제사 지낸다. ~ 각목에서 지냈다

　이 기록에서 다시 모든 제천의식이 근원 이치에서 교화의 방편으로 비롯되었다는 것을 확인할 수 있다. 제단의 원·방·각 형태는 앞의 총론에서 밝힌 원·방·각의 이치를 나툰 것이다. 고대 종교의 표상이나 세계의 고대 문명 유적에서 나타나는 원형 제단, 고인돌과 같은 방형 제단, 여러 가지 형식의 각형 피라밋 등도 본래는 성품의 이치를 표상화하는 데에서 비롯된 것임을 알 수 있다.

　여기에서 하늘, 땅, 조상에 제사 지냈다는 것도 천·지·인의 이치에 의해 이루어진 것이다. 하늘이란 성품바탕인 천(天)을, 땅이란 바탕에 지닌 지혜와 능력을, 조상이란 일신(一神)의 화현, 곧 일기(一氣)의 몸이기에 본바탕의 지혜와 능력을 펼쳐 쓴인 인(人)과 나뉨 없으니 환인·환웅·단군왕검 등 성인을 말한 것이다.

*소도의 제천은 구려(九黎) 교화의 근원

　이 한마디에 소도의 본질과 역할이 몽땅 담겨져 있다. 『바로보인 환단고기』의 가장 앞에서 다루었던 삼신일체사상이 인간과 역사의 근본이라면 그 근본을 가르치고 배우고 일상에 실행하도록 교화하는 곳이 소도였다. 고대의 통치자였던 성현들은 소도를 통해 천부경, 삼일신고, 참전계경 등의 경전을 설하여 구려의 모든 종족들을 교화했으니 성품의 이치에 의한

지혜와 덕화로 통치했던 것이다.

거대한 부족국가연맹체였던 단군조선은 소도에서의 제천의식을 통해 또 한번 구려를 한마음으로 모아 그 힘을 하나로 유지하고 운용하였다. 곧 백성의 마음을 다스리고, 백성의 마음을 화합하여, 백성의 마음을 얻는 것이 바로 교화의 첩경임을 아셨던 것이다.

배달국으로부터 비롯한 소도는 후대에 점차 사변으로 벌어져 감에 따라 교화와 제천행사뿐 아니라 교육기관과 심신수련기관의 역할도 병행하게 되었다.

*하늘의 법은 오직 일(一)이니 ~ 사람의 마음도 일치되면 동일하니
하늘이란 성품의 본바탕을 말한다.

단군조선 시대에는 성품의 전지전능함이 추구하고 공경하며 돌아가 회귀해야 할 바가 되어버렸다.

그래서 제천의식이 발달하였으며 또한 제도적으로는 금법(禁法)이 만들어졌던 것이다. 금법으로 몸을 닦고 제천의식으로 마음을 닦아 근원인 본성품으로 돌이키게끔 다스린 것이다.

그러나 아직도 성품의 이치에 완전히 매(昧)하지 않아 하늘의 법은 오직 일(一)이라 하고 있으며, 사람 역시 일(一)인 마음에 부합되면 동일하다고 하고 있다.

4. 단군조선의 정치

환단고기 본문

　단군 왕검 때는 당요(唐堯)와 더불어 같은 시대였는데 *요임금의 덕이 날로 쇠해져 영토 다툼을 쉬지 않았다. 그래서 천왕이 우나라 *순임금에게 명하여 영토를 나누어 다스리게 하고 군사를 파견하여 주둔하게 하였으며 함께 당요를 치기로 약속하니 요임금이 이에 힘이 꺾여 순임금에게 의지하여 목숨을 보존하고자 나라를 순임금에게 양보하였다.
　그리하여 순임금 부자와 형제가 다시 같은 집으로 돌아가게 되었다.
　대개 나라를 다스리는 도는 부모를 섬겨 효도를 다하고 형을 받들어 순종하는 일을 우선으로 하였다. ▷태백일사 삼한관경본기 중 번한세가 상편
　이에 팽우에게 명하여 토지를 개척하고 궁실을 지어 일으키도록 하였고, 고시에게 씨를 뿌리고 농사짓는 일을 주관하게 하였으며, 신지에게 문자를 만들게 하였고, 기성에게 의약을 베풀게 하였으며, 나을에게는 토지와 호적대장을 관리하게 하고, *희에게는 괘로써 길흉화복을 미리 판단하는 것을 관리하게 하였으며, 우에게 병마를 맡게 하였다.

비서갑 하백의 딸을 맞아들여 황후로 삼고 누에를 치게 하니, 지극히 순박한 다스림이 천하에 흡족히 퍼졌다. ▷삼성기전 상편, 단군세기

하백(河伯)은 천하인(天河人)이니 나반의 후손이었다. 7월 7일은 곧 나반이 천하(天河)를 건너는 날이었는데, 이 날 천신이 용왕에게 명하여 하백을 불러 용궁에 들어오게 하고, 그에게 사해(四海)의 여러 신을 주관하게 하였다. 천하(天河)는 또한 천해라고도 하였는데 지금 말하는 북해가 그것이다.

천하(天河)의 주에 말하기를 "천도(天道)는 북극(北極)에서 일어났기 때문에 천일(天一)에서 난 물을 북수(北水)라 하는데 모든 북극수정자(北極水精子)가 사는 곳이다."라고 하였다. ▷태백일사 중 삼신오제본기

진국 (辰國, 진한·마한·번한을 통틀어 진국이라 한다) 은 천제의 아들이 다스리던 곳이었던 까닭에 5년마다 순행함에 낭야성 (琅耶城, 번한의 성) 에 이르렀던 것은 한 번 뿐이었다. 그러나 순은 제후이기 때문에 진한(辰韓)에 와서 뵌 것이 네 번이다. ▷태백일사 삼한관경본기 중 번한세가 상편

주 해

*요임금(기원전 2357~2258)

　공자의 『서전(書傳)』에서 중국의 시조로 삼고 있는 이로 단군 왕검 때의 사람이다. 요임금 때에는 잇따른 홍수와 전란으로 인해 백성들이 살아가기가 매우 어려웠으며, 사회와 문물도 원시상태를 겨우 벗어난 정도였다.

*순임금(기원전 2255~2208)

　단군 왕검 때부터 2세 단군 부루 때의 사람으로 중국 8대 임금 중의 한 사람이다. 순임금이 요임금을 돕기 시작하면서 나라가 조금씩 안정되었고, 그렇게 3년을 지내다가 28년을 섭정하였다. 그 후로 왕위를 물려받아 50년 동안 다스렸는데, 성스러운 덕으로 교화하여 사회와 문물이 발전하고 백성들이 화합하였다.

*희에게는 괘로써 길흉화복을 미리 판단하는 것을 관리하게 하였으며

　괘로써 길흉화복을 미리 판단한 것은 우주만물의 이치와 미래의 일을 알게 하여 만인에게 해가 없도록 대비한 것이니, 오직 성품의 이치에서 비롯된 방편으로 모자람이 없이 사변에 응하여 이번 그대로의 일상을 영위하도록 한 것이다. 그러나 후대에 경계를 쫓는 업을 쌓아 이를 사변적인 이익을 얻기 위한 능력으로 추구하는 탐욕스런 이들에 의해 점괘와 기복으로 변질된 것이다.

5. 단군조선의 사회상

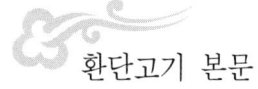
환단고기 본문

무진년을 원년으로 처음 시작하여 신시의 대를 이었으니, 사방에서 모여든 백성들은 산골짜기에 두루 퍼져 살면서 풀로 옷을 만들어 입고 맨발로 살았다. ▷단군세기

나라 안에 크게 모여 상달(10월)에 하늘에 제사 지냈으니 백성들의 표정은 모두 밝게 빛났고 스스로 즐거워하여 이로부터 천왕의 덕화가 구역(九域)에 흡족히 퍼져 멀리 탐랑(耽浪)까지 이르니 덕과 교가 점점 널리 퍼졌다. ▷단군세기

소도의 옆에 반드시 경당(扃堂)을 세워 아직 혼인하지 않은 자제들에게 모든 일과 만물에 대해 강습하였는데, 대개 글읽기·활쏘기·말타기·예절·노래와 음악·주먹으로 치기·칼쓰기 등 육예(六藝)의 류였다.

모든 읍락이 다 스스로 삼로(三老)를 세워 삼로를 또한 삼사(三師)라 하였으니 어진 덕이 있는 자, 재물을 베푸는 자, 일을 아는 자 모두를 스승으로 섬기는 것이 이것이다.

또한 육정(六正)이 있었는데 곧 현좌(賢佐)·충신(忠臣)·양장(良將)·용졸(勇卒)·명사(明師)·덕우(德友)였다.

살생하는 데에도 도리가 있었으니 위로 국왕에서 아래로 서민에 이르기까지, 모름지기 스스로 때와 물건을 가려서 행함이 한결같아 함부로 죽이지 않았다. 옛부터 부여에서는 말이 있어도 타지 않았고 죽이는 것을 금하여 방생하는 것이 또한 의로움이었다. 잠자는 것을 죽이지 않고 짐승과 곤충의 알을 죽이지 않은 것은 때를 가렸던 것이요, 어린 것을 죽이지 않고 유익한 것을 죽이지 않은 것은 물건을 가렸던 것이니, 만물을 소중히 여기는 뜻이 지극하였다. ▷태백일사 중 삼신오제본기

6. 문자의 유래와 전승

 환단고기 본문

 우리나라 문자는 옛부터 있었으니 지금 남해현(南海縣) 낭하리(郎河里) 바위벽에 신시 때의 옛 글자가 새겨져 있는데 부여(夫餘)사람 왕문(王文)이 쓴 바로서 사용법과 모양이 전자(篆字, 가림토)와 견주어 볼 때 일치한다. 자부 선생의 내문(內門)과 태자 부루의 오행이 모두 환단 시대에 나왔으니 은학(殷學)과 한문(漢文)까지 모두 왕문의 유범(遺範)이다.
▷태백일사 중 소도경전본훈
 부여 사람인 왕문(王文)이 처음으로 전서(篆書)를 번거롭다 하여 그 글자의 획을 줄여 새로이 부예(符隸)를 만들어 썼으니 진(秦)나라 때에 정막(程邈)이 숙신(肅愼)에 사신으로 갔다가 한수(漢水)에서 왕문의 예법(隸法)을 얻어 갔고 또 그 글자의 획을 조금 변화시킨 모양이 지금의 팔분(八分)이다.
 진(秦)나라 때의 왕차중(王次仲)이 또 해서(楷書)를 만들었는데 차중은 왕문의 먼 후손이다. 지금까지 연구한 글자의 근원이 모두 신시의 유법(遺法)이니 지금의 한자 또한 그 지류를 계승하였음이 분명하다. ▷태

백일사 중 소도경전본훈

『대변설』의 주(註)에, "남해현 낭하리 계곡 바위에 신시의 옛 글자를 새긴 것이 있었는데 그 글에 '환웅이 사냥 나와 삼신에게 제사 지냈다.'라고 되어 있다." 하였고, "대시(大始)에는 옛 일을 전할 때 다만 입으로만 전해지다가 오랜 후에야 비로소 그 모양을 그림으로 그렸고 또 다시 그림이 변하여 글자가 되었으니 일반적으로 문자의 근원은 국풍(國風, 나라의 교화, 가르침)을 소중히 생각하여 보존하려는 데에서 비롯되지 않은 것이 없었다." 하고 있다.

일기(一氣) 스스로가 삼(三)으로 나뉜 기(氣)이자 곧 극(極)이며, 극은 곧 혼연하여 나뉨이 없는 만물의 근원이 되는 도(道)이다. 성품바탕인 근원은 곧 삼극(三極)을 뗀 허(虛)가 되니 안과 밖이 아울러 공(空)하여 그러하다.

천궁(天宮)은 곧 광명이 모여 있고 만 가지 조화가 비롯된 곳이니, 성품의 본바탕[天]의 일신(一神)이 이와 같이 허(虛)를 몸으로 하여 곧 그것으로 주재(主宰)한다.

그러므로 "일기(一氣)는 곧 성품의 본바탕[天]이며 곧 공(空)이지만 스스로 일(一)에 일치한 신(神)이 있어 능히 셋이 된다." 하는 것이다.

삼신(三神)은 곧 천일(天一)·지일(地一)·태일(太一)의 신이다. 일기(一氣)가 능히 스스로 움직여 조화(造化)·교화(敎化)·치화(治化) 삼화(三化)의 신(神)이 되니, 신은 곧 기(氣)이며 기는 곧 허(虛)이며 허는 곧 일(一)이다.

그러므로 땅에는 삼한(三韓)이 있어 진·변·마(辰韓, 弁韓, 馬韓의 지경) 세 서울[三京]이 한(韓)이 되니 한(韓)은 곧 황(皇)이며 황(皇)은 곧 대(大)이며 대(大)는 곧 일(一)이다.

그러므로 사람에게는 삼진(三眞)이 있어 성(性)·명(命)·정(精) 삼수(三受)가 진(眞)이 되니, 진은 곧 충(衷)이며 충은 곧 업(業)이며 업은 곧 속(續)이며 속은 곧 일(一)이다.

일(一)에서 시작하여 일(一)에서 마친다는 것은 돌아가 회복하는 것으로 그 진(眞)이요, 일(一)에 즉한 삼(三)에 일치한 응함이 그 선(善)이요, 하나하나의 묘함으로 쌓은 하나하나가 일(一)로 돌아가는 것이 미(美)이다.

이에 성품의 선(善)이 곧 명(命)의 맑음이며 곧 정(精)의 두터움이거늘 다시 거듭 무엇이 있어서 있다 하며 없다 하겠는가.

진(眞)이란 물들지 않는 것이니 물드는 것은 망령된 것이다. 선(善)이라는 것은 쉬지 않는 것이니 쉬는 것은 악한 것이다. 맑음이란 흩어지지 않는 것이니 흩어지는 것은 탁한 것이다. 두터움이란 모자람이 없는 것이니 모자람이란 박(薄)한 것이다.

일(一)이 삼(三)을 머금었으니 일(一)은 그 기(氣)이고 삼(三)은 그 신(神)이다. 그럼으로써 삼(三)이 모여 일(一)로 돌아가니 역시 삼(三)은 신이 되고 일(一)은 그 기가 된다.

그 삶을 이루는 것의 몸 또한 곧 일기(一氣)이다. 일기라는 것은 안으로 삼신이 있고, 지혜의 근원 또한 삼신에 있으니, 이 삼신이라는 것을 밖으로 일기가 싸고 있다.

그 밖에 있다 하나 일(一)이고, 그 안에 머금고 있다 하나 일(一)이며, 통제한다 하나 일(一)인 것이니, 역시 모두 다 머금었다 하고 모였다 하나 나뉨이 없다.

이것이 문자를 만든 근원이니, 머금고 모이고 잡고 돌아가는 뜻이 여기에 있었다. ▷태백일사 중 소도경전본훈

신고(神誥)의 다섯 가지 뜻과 비결 역시 천부에 근본이 있듯 신고의 구경(究竟) 또한 천부 가운데 *일(一)의 이상(理想)을 벗어나지 않으니 비로소 글자의 근원이 변함이 없다는 것과 글자의 뜻이 크다는 것을 알 수 있다. ▷태백일사 중 소도경전본훈

그러나 지금의 풍속은 한 글자의 글이라도 정이(程頤)나 주희(朱熹)에 맞지 않으면 이를 공격하는 모든 화살이 고슴도치처럼 모여들어 유학자(儒學者)들의 칼날이 바야흐로 사나우니 천경과 신고의 가르침을 전하려 한들 어찌 쉽게 논할 수 있겠는가. ▷태백일사 중 소도경전본훈

『진역유기』에, "신이 일찍이 태백산 푸른 바위벽에 새겨 놓은 것이 있었는데 그 모양이 'ㄱ'과 같으니 세상에서 말하기를 신지 선인(神誌仙人)이 전하는 것이라 한다." 하였다.

어떤 이는 이것을 글자를 만든 시초라고도 하는데 곧 그 글자의 획은 하나로 곧게 나가다가 구부러져 둘로 나뉜 모양으로, 가장 요긴한 천자의 말 (성현의 말씀) 을 본받는 데에 그 뜻이 있고, 그 모양과 소리 또한 그러한 의미를 고찰하는 데에서 나온 듯 하다. 신인이 그를 사용하여 덕과 사랑으로 인간세상을 구제한 까닭에 이를 본받는 것으로 곧

참된 교화가 행해져 사람의 일이 반드시 모두 올바르게 되었다. 어질고 능한 자는 벼슬자리에 있게 하고, 늙은이와 어린이를 공양하며, 건장한 자는 의를 따르도록 많은 무리들에게 권함으로써 교화하였다.

이에 교활하고 간사하게 송사를 하는 일이 없고 전쟁할 계획도 하지 않게 하였다. 이 또한 역시 이치 (사람의 일이 순행하는 도리) 로써 교화한 것이니 일(一)의 도(道)이다. ▷태백일사 중 소도경전본훈

천부경(天符經)은 천제(天帝)의 환국에서 입으로 전해 내려온 글이다. 환웅대성존(桓雄大聖尊)이 하늘에서 내려온 뒤에 신지 혁덕(神誌赫德)에게 명하여 녹도문(鹿圖文)으로 기록하였는데 고운(孤雲) 최치원(崔致遠)이 일찍이 신지의 전서(篆書)로 쓴 옛 비석을 보고 거기에 새겨진 천부경을 얻어서 이것을 다시 문서로 만들어 세상에 전한 것이 곧 낭하리 바위에 새겨져 있으니 모두 확실한 그 실제 흔적이다. ▷태백일사 중 소도경전본훈

세상에서 전해 내려오기를 "신시의 녹서(鹿書), 자부의 우서(雨書), 치우의 화서(花書)가 있었는데 투전문속(鬪佃門束)은 곧 그 남은 흔적이며, 복희에게 용서(龍書)가 있었고 단군에게는 신전 (神篆, 신지전자) 이 있었는데 이런 종류의 글자와 글이 백산·흑수·청구·구려 등지에서 널리 쓰여졌다." 하였다. ▷태백일사 중 소도경전본훈

신시에는 산목(算木)이 있고 치우(蚩尤)에게는 투전목(鬪佃目)이 있었으

며 부여에는 서산(書算)이 있었다.

산목이란, ㅡ 二 三 亖 丨 丅 ㅜ 구 투 ✕ 이다.

또 전목이란, ᄀ ᅮ ᅳ ᄄ ᅳ ᆼ ᅮ ᄂ ᇰ ᄎ 이다.

「단군세기」의 단군 가륵 2년에 삼랑 을보륵이 정음(正音) 38자를 갖추었는데 이것을 가림다(加臨多)라고 하며, 그 글자는 이렇다.

· ㅣ ㅡ ㅏ ㅓ ㅜ ㅗ ㅑ ㅕ ㅠ ㅛ ✕ ㅋ
ㅇ ㄱ ㄴ ㅁ ㄷ ㅿ ㅈ ㅊ ㅅ ㅎ ㅅ M
ㅁ ㄹ ㅂ ㅃ ㅉ ㄲ ㅊ ㅅ ㄱ ㅍ ㅍ ㅍ

『이태백전서(李太白全書)』의 옥진총담(玉塵叢談)에는, "발해국의 글이 당(唐)나라에 들어가 그것을 푸는 자가 없었는데 이태백이 능히 풀어 답하였다." 하였으니, 이를 『삼국사기』에서는, "헌강왕(憲康王) 12년 봄에 북진(北鎭)에서 진(秦)나라 적국(狄國) 사람이 진(鎭)에 들어와 나무조각을 나무에 걸어 놓고 가자 거두어서 바쳤는데 그 나무에는 열 다섯 자가 씌어져 있었으니 '보로국(寶露國)과 흑수국(黑水國) 사람이 함께 신라(新羅)와 화통하고자 한다.'라고 씌어있었다."라고 했다.

또 고려 광종(光宗)때의 장유(張儒)는 접반사(接伴使)로서 널리 알려져 이름이 났으나 처음에는 난리를 피하여 오월(吳越)에 도착하였는데 월씨국(越氏國)에서 진기한 일이 있었다. 동국한송정곡(東國寒松亭曲)을 거문고 밑바닥에 새겨 물결을 거슬러서 떠돌아다니게 하였으니, 월(越)에서는 그 글을 풀지 못하고 있다가 마침 장유를 만나자 절하고 그 글의 내용을 물었다. 장유가 즉석에서 한시(漢詩)로 해석하여 말하였다.

　차가운 소나무에 밤 달빛은 희고
　경포의 가을 파도는 잔잔함을…
　오가며 슬피 우는
　한결같은 모래사장 갈매기가 소식 전하네

　月白寒松夜 波晏鏡浦秋
　哀鳴來又去 有信一沙鴎

생각하기에 거문고 바닥에 새긴 글이 옛날의 가림다인 듯 하다. ▷태백일사 중 소도경전본훈

　원동중(元董仲)의 『삼성기』 주(註)에, "왜(倭)와 진(辰)·여(餘)국은 가로로 쓰거나 노끈을 매었고 혹 나무에 새기기도 하였다." 했는데 오직 고려만은 뛰어난 법을 모방하였으니, 이는 반드시 환단 상세(上世)의 문자를 모방하여 새긴 것으로 생각된다. ▷태백일사 중 소도경전본훈

 주 해

　여러 나라 언어들의 낱말을 비교해 보면 사람과 사물의 이름, 도구나 행위, 혈연관계를 지칭하는 낱말들과 초기의 숫자들, 대명사·명사·동사의 어미가 근본적인 공통점을 지니고 있다.
　그러나 각 언어들을 사용했던 나라들은 서로 멀리 떨어져 있어 다른 나라의 언어를 배울 수 없었으며 이와 같이 차용이나 모방의 가능성을 배제할 때, 여러 언어들이 가지고 있는 공통점들은 민족 이동에 의한 것일 수밖에 없으니, 이는 또한 각 민족의 기원을 밝히는 것이 된다.
　신지글자는 기원전 4000년경에, 배달국 환웅천왕 때의 신지가 기록을 위해 문자를 연구하다가 사슴 발자국을 보고 이치를 깨달아 만든 문자인 녹서를 말한다. 이는 세계 최초의 문자로서 다른 문자의 발생에 선구자적인 역할을 하였다. 그 후 복희 (기원전 3528) 가 배달국 환웅천왕 때 교화의 방편이었던 괘의 이치를 깨달아, 그 이치인 역(易)을 표시하는 일종의 부호와 같은 형태의 문자를 만들었는데, 이를 경룡서 곧 용서라 하였다.

용서

자부(紫府) 때로부터는 우서(雨書)가 있었는데, 자부가 삼황내문경을 처음에는 녹도문으로 기록하였으나 녹도문이 어렵고 복잡하여 우서를 만들어 기록하였다고 한다.

삼황내문경, 음부경, 황제중경, 홍범, (신시)구정균전법은 원래 그 근원이 같다. 그러므로 현재 『홍범황극내편(洪範皇極內篇)』에 쓰인 마치 하늘에서 비가 오는 듯한 모양의 선(線)으로 된 고대 문자는 우서임이 분명하다.

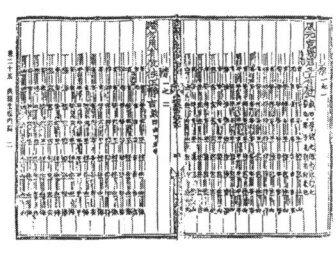

홍범황극내편

배달국 신시에는 여러 가지 문자형태가 있었고 이것이 후대에까지 전해져 사회적으로 통용되었다.

첫째 산목(算木)이 있었으니 산목이란 산가지라고도 하는데 옛날 수효를 셈할 때 쓰던 물건으로서 대나 뼈다귀로 젓가락처럼 만들어서 썼다.

아래의 산목은 앞의 『환단고기』 본문에서 보여 준 산목보다 좀 더 기호화된 형태이다.

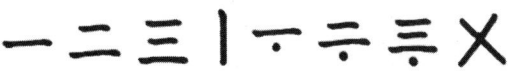

산목

치우천왕 때는 화서가 있었으니 투전문속(鬪佃文束)은 그 남은 흔적으로, 투전은 종이로 만든 쪽의 일종이다. 화서를 간단히 정리한 것이 전목(佃目) 10개의 숫자가 아닌가 생각된다.

전목

그 후 부여에는 서산(書算)이 있었으니 서산은 책을 읽는 횟수를 세던 물건으로 좁다란 종이를 봉투처럼 접어 겉에 눈금을 내어 에이고 이를 접었다 폈다 하여 횟수를 헤아렸다. 이는 모두 숫자를 세던 기호의 일종이다.

녹서, 용서, 우서, 화서 이후 단군 가륵 3세에 가림토문자를 제정했는데 이러한 변화 과정을 거친 가림토정음의 모음체계는 훈민정음과 일치한다.

훈민정음 28자는 그 글자체와 모양이 가림토문자 중 28자와 완전히 같고, 나머지 10자는 약간 변형된 것으로 보인다. 그러므로 훈민정음 28자는 가림토를 근거로 만들어진 것이 분명하다.

　　　　이 달에 임금이 어문 28자를 만들었는데 그 글자는 옛 전자를 본땄다. ▷ 세종실록 25년 12월조

　　　　글자는 옛 전자를 본땄다. ▷훈민정음 해제 머릿글

여기서의 '옛 전자'는 가림토를 가리키는 것이니 가림토를 옛 기록들에서는 한결같이 '신전(神篆)', '신지전자(神誌篆字)'라 하였다. 신지글자(녹도문)의 후신으로 보이는 신지전자(가림토)가 훈민정음 창제 때까지도 이어지고 있었다고 할 수 있으니 신지글자로부터 훈민정음에 이르기까지의 계승 관계를 알 수 있다.

여기에서 다시 현재 세계 최초의 문자로 알려져 있는 수메르 문자가 신지문자의 발전 과정보다 시간은 약간 늦지만 그 흐름을 같이 했다는 것을 말해 보겠다.

세계 언어의 흐름을 보면 모든 문자는 그림문자로부터 비롯되었는데 전달하려는 의사를 그대로 그림으로 그리는 데에서 자연스럽게 특정 물건이나 사실을 상징하는 관습적인 기호가 생기게 되었다. 큰 의미에서 보면 문자 자체가 의미를 전달하는 기호라고 할 수 있다.

전달하고자 하는 내용을 기호화한 것에는 크게 두 가지가 있는데 그 기호를 통해 뜻을 전달하는 뜻 기호와 그 기호를 통해 음을 전달하는 음 기호가 그것이다.

뜻 기호문자의 대표적인 것이 표의문자인 한자이며, 음 기호문자의 대표적인 것이 표음문자인 알파벳이다.

음을 전달하는 음 기호로 이루어진 문자는 또 하나의 획기적인 변화로서 일정한 수의 자음과 모음을 서로 연결시켜 무수한 뜻을 표시할 수 있는 편리함 때문에 세계적으로 모든 문자가 표음문자 체계로 확립되어 왔다.

그러나 음 기호문자는 추상적인 기호이므로 글자만으로는 뜻을 알 수 없다.

예를 들어 알파벳의 경우 서로 문화권이 다른 데에서는 아버지라는 한 단어도 완전히 다른 형태로 표현되는 반면, 글자마다 구체적인 뜻을 갖는 한자는 '父' 하나로 어떤 민족이든 '아버지'를 뜻한다는 것을 알 수 있다.

신지글자는 신지가 사슴의 발자국을 보고 뜻을 전달하는 방법을 터득했다는 『환단고기』 본문의 내용으로 보아서 단순한 그림문자에서 시작된 것이 아니라 당초에 기호문자로서 시작된 것을 알 수 있다.

신지글자가 녹도문에서 용서로 바뀌었을 때 수메르에서는 초기 그림문자가 나타났고, 용서에서 우서로 바뀌었을 때에는 후기 그림문자처럼 방향전환이 이루어졌다.

우서가 신지 전자의 원시적 형태로 발전하였을 때, 수메르 문자는 그림문자에서 좀 더 기호화(초기 설형문자) 되었으며, 마침내 신지전자와 같은 표음문자 체계로까지 발전하였다.

신지글자(녹도문)가 뜻 기호문자에서 신지 전자와 같은 음 기호문자체계로 발전한 시기보다 뒤늦은 문자발달과정과 더불어 총론에서 언급했듯이 수메르어와 한국어의 공통점, 수메르가 활약한 지역인 터어키 문자나 우리 문자의 유사점 등으로 수메르 문자의 기원이 신지글자라는 것과 신지글자가 세계 최초의 문자임을 알 수 있다.

한자는 상형(象形), 지사(指事), 회의(會意), 형성(形聲)자로 대별되는 문자이다. 상형은 구체적인 사물의 형태를 본뜬 것이요, 지사는 추상적인 수나 공간관계를 상징한 것이요, 회의는 이렇게 이루어진 글자를 2개 이상 결합시켜 표시한 것이다.

이것만으로는 모든 표현이 다 이루어질 수 없기에 한 글자가 여러 가지 뜻과 음을 가지게 된 것이 형성자이다.

 27종의 받침소리를 자유자재로 구사하는 동이족에 비해 그들은 입성문자를 전혀 발음하지 못할 뿐만 아니라 그 밖의 받침 소리도 제대로 발음하지 못하거나 서투르다. 지금도 '국(國)'자를 발음하지 못해 '邦'자를 주로 사용하고 있으며 공자의 고향인 곡부(曲阜)의 '곡'자를 발음하지 못하고 있다.

 이는 한족이 한자를 만든 것이 아니라는 명백한 증거이다.

 앞에서 말한 바 있듯 현 중국 문헌에서 만세 글자의 조상이라 하고 있는 태호 복희는 배달국 제5대 태우의 환웅의 막내아들로 교화의 방편이었던 괘의 이치를 깨달아 역(易)을 만들었으니 바로 환역이며 후대에 이것을 복희팔괘 또는 선천팔괘라고 불렀다.

 복희씨의 하도(河圖)를 정리한 염제 신농씨의 낙서(洛書)를 거쳐서 사용하게 된 갑골문자는 청나라 시대 금석문을 연구하던 학자에 의해 한약재로 사용되고 있던 거북의 등뼈에서 우연히 발견되었는데, 이 갑골문자 중에는 신지글자(녹도문)와 비슷한 글자가 상당히 많다.

디이디ㅣ니리디이ㅣ니디

중국 갑골문자

 국내외의 여러 학자들은 기원전 2000년쯤에 형성된 갑골문자를 한자의 원형으로 알고 있으나 은나라 때 점술에 이용했다는 기록이 보일 뿐, 갑골문자는 그 당시 만들어진 글자가 결코 아니다.

태호 복희 (기원전 3500년경) 때에도 글자가 있었고 염제 신농 (기원전 3200년경) 때에도 주조술(鑄造術)이 있었으니 이는 모두 배달국 초기 괘의 이치에서 비롯된 것이다.

갑골문자 시대 (기원전 2000~1000) 에는 상형과 지사기호들, 즉 가림토·꽃무늬·빗방울·간단한 모형 등이 사용된 까닭에 신호문자(信號文字) 시대라고도 한다.

그 뒤 주나라 때에 『죽서』와 『방책문자』를 거쳐 기원전 220년경 춘추·전국 시대를 맞이하면서 금속문자로 발전하였으며, 기원 전후 한·진 대에 황하 중하류 지역의 동이족에 의해 갑골문자에서 소전(小篆)으로 만여 자가 정리되었다.

즉 한자는 복희에 의해 전해진 동이족의 문자가 은나라 시대의 갑골문인 계자(契字)에서 주나라 시대의 소전(小篆)으로 발전하고, 그것이 1716년 청나라 초기에 나온 현존 최고(最古)의 한자 자전인 『강희자전』으로 이어져 지금에 이르게 된 것이다.

우리 선조들은 일본에 건너가 대륙의 선진문물(先進文物)을 전해 주고 그곳에 순수한 우리말을 무수히 심어 놓았다.

단군조선족이 일본으로 이동한 사실은 일본 동경대 교수인 하니하라 가즈로씨가 논문 (동아일보, 1987. 9. 1, 6면) 으로 발표한 바 있다.

서기 400년경 일본에 건너간 백제의 왕인 등이 우리말로 한학을 가르치는 등 나라 시대 (710~784) 까지도 일본에서는 우리 민족의 언어가 계속 사용되었던 것이다.

일본불교 연구의 대가이자 구주 대학 명예교수인 다무라씨도 '나라 시대의 불교 경전은 한국어로 읽혀졌다.'라고 하였다.

일반적으로 잘 알려진 사실이지만 서기 4세기 전반경부터 우리 민족은 북구주와 일본 본토의 서부 지역으로 들어가 4세기말 대화 정권 수립의 중추세력이 되었다.

현재 쓰이고 있는 일본어 중에 주로 경상도와 전라도 지방의 옛 방언인 한국어의 뿌리가 남아있는 것은 역사적인 배경에 기인한 것이다.

고을이라는 뜻인 고호리는 우리말 군(郡)에서 유래하여 현재 두 나라가 다같이 행정 단위로 쓰고 있다.

백제는 구다라인데 이는 그들에게 선진문물을 가르쳐준 백제를 대국으로 여겨 그 음이 큰나라 → 군나라 → 구다라로 변하였다. 곰[熊]은 구마, 바보는 바가, 풀[草]은 뿌루로 각각 변했다.

그리고 규슈 지방에서는 긍정할 때 쓰는 대답어 하이(はい)를 나이(ない)라고 쓴다. 이는 우리말의 예가 네 → 내 → 나이(하이)로 바뀐 것인데 구마모토현에서는 우리와 똑같이 네로 쓰고 있다.

사쯔마 반도에서는 짐을 질 때 쓰는 지게와 가루를 치거나 액체를 받을 때 쓰는 체를 우리말 그대로 쓰고 있다. 이외에도 해[日]는 히, 무리[群]는 무레, 빛깔[光]은 히카리, 위[上]는 우에, 총각(總角)은 쫀가, 동무들[友]은 도모다치로 변화했다.

심지어는 접속사 ~가(か), 어미(語尾)의 ~다(た), 의문문의 ~까?(か) 역시 우리말을 그대로 사용하고 있다.

대마도에는 가라가 붙은 지명이 무수히 많은데, 이는 옛날 삼한(三韓)의 韓과 변한의 弁, 가락국의 加羅가 다같이 가라(加羅, から)로 발음되기 때문이다.

 일본 구주 지역에 700~800년경에 존재했다고 추정되는 아히루 문자의 문자체계를 보면 가림토문자와 비슷하다는 것을 쉽게 알 수 있다. 이세신궁에 보관되어 있는 옛 문서와 1994년 일본의 규슈 신사에서 발견된 비석, 그리고 이세신궁에 소장되어 있는 구리거울의 뒷면에 새겨진 문자들에서 가림토문자의 흔적을 발견할 수 있다.

 일본인들은 이것을 신대문자라 하고 있으며 신사의 이 문자 앞에 절을 하고 복을 비는 풍습이 있다.

 이 신대문자는 현재 일본 전역에 흩어져 있다. 주로 조상신을 모시는 신사 등에 많이 남아있는데 그 분포 지역만도 백 여 군데가 넘는다고 한다. 일반인들에게 신대문자를 최초로 소개한 것은 1800년대 초반에 출판된 책, 『신자일문전』을 통해서였는데 매우 여러 종류의 신대문자들이 소개되어 있다.

 일본의 사학자 吾鄕淸彦氏는 일본에 한자가 들어가기 이전 이 문자가 사용되었다고 주장하고 있다. 신대문자란 신대(神代)에 사용한 문자라는 뜻이다.

 모든 문자가 신의 문자로 불리었던 것처럼 신대문자 역시 그러한 뜻을 담은 이름이어서 다시 한 번 문명의 발발, 문자의 발생이 상고 시대로부터 신인의 교화에 의해 비롯되었다는 것을 확인하게끔 해 주고 있다.

 이렇게 교화주인 신인이 만든 문자라는 의미에서 뿐만 아니라 일본인에게 있어서는 특히 자신들의 직계 조상이 전해 준 바다 건너로부터 온 문자를 신성시한 데에서 그 이름이 비롯되었음을 알 수 있다.

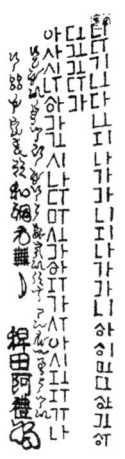

이세신궁 소장 신대문자 서기 708년

이세신궁 소장 구리거울

ㅎㄴㅁㄷㄴㄱㄱㄴㅇ

『고사기(古事記)』, 『일본서기(日本書記)』, 『만엽집(萬葉集)』에 실려 있는 일본 고어의 변화 과정을 추적하면 일정한 소리 변화 법칙이 있다는 것과 그것이 우리말과 일치한다는 것을 알 수 있다.

서양의 소리 변화 법칙이 자음의 변화만을 규정하고 있는 것과 달리 우리의 소리 변화 법칙은 모음의 변화는 물론 받침 소리의 변화까지 적용되어 서양의 소리 변화 법칙보다 훨씬 정확하다.

이러한 소리 변화 법칙은 그 예가 헤아릴 수 없이 많고 우리말과 일본어의 관계를 분명하게 보여 주고 있으며 일본어의 의성·의태어 또한 우리의 것과 일치한다.

우리말	일본어	소리 변화 법칙
졸졸	조로조로	모음 복원
슬슬	즈루즈루	모음 복원과 탁음화
찰찰	자-자-	'ㄹ'음의 소실과 모음 교체
자-자	사-사-	청음화
술술	스루스루	모음 복원과 모음 교체
깔깔	까라까라	모음 복원과 모음 교체
팔닥팔닥	하다하다	'ㅍ'음 → 'ㅎ'음과 종료음 탈락
벌벌	부루부루	모음 복원과 모음 교체
졸졸	죠로죠로	모음 복원
쿨쿨	구-구-	'ㄹ'음의 소실과 탁음화
통통	돈 돈	변화 없음
뚝뚝	도구도구	모음 복원과 모음 교체 및 탁음화
두구두구	쯔꾸쯔꾸	모음 교체
쭐쭐	쯔루쯔루	모음 복원과 모음 교체
돌돌	도로도로	모음 복원
쪼곰쪼곰	쪼고쪼고	종료음의 소실
뭉게뭉게	무구무구	모음 교체와 종료음의 상실
까칠까칠	까사까사	자음 교체 및 종료음의 상실
질질	즈루즈루	모음 복원
떠벅떠벅	토보토보	모음 교체 및 탁음화와 종료음 상실
뽈뽈이	보라보라	모음 복원과 모음 교체

그 밖에 세계 여러 언어와 문자를 우리의 것과 비교해 보자.

인디언 모든 부족 언어에 공통된 한 가지 단어, 즉 제 1인칭 대명사인 '나이'는 우리 한국어의 '나'와 그 뜻과 음이 완전히 일치한다.

또한 인디언 여러 부족들에 있어서는 거의 예외 없이 '한' 혹은 '칸'을 어간으로 하는 말들이 '하늘', '하나님'을 뜻하며 이 외에도 우리말과 뜻과 음이 같은 언어를 쓰고 있는 경우가 많다.

그 중 나바호어와 한국어는 그 어순이 같으며(주어+목적어+동사), 나바호어의 목적대명사 yi나 bi는 우리 한국어의 토씨 (은, 는, 이, 가, 을, 를) 와 같이 목적어를 결정하여 주는 영향을 동사에 준다.

나바호 문장에서 비인격적 단어를 주어로 만드는 형태의 문장은 받아들여질 수 없다는 것도 우리말 문법과 같은 점이라 할 것이다.

영어에 있어서는 한국어와 나바호 언어가 비인격적 단어를 주어로 하여 수동태를 만든 경우에 느껴지는 어색함이 없다. 영어는 문장요소 가운데 그 무엇을 주어로 하여 문장을 구성해도 어색하게 느껴지지 않는다.

이것은 언어학적 문제 이전에 형이상학적 인생관, 우주관에서 기인한 것이다.

그러므로 인디언어와 우리말의 유사성은 몇 개의 같은 단어에서 찾을 것이 아니라, 언어가 가지고 있는 사고 과정의 표현법이나 정신적인 흐름을 통해 연구해 보는 것이 더 바람직하리라 여겨진다.

백제 시대의 것으로 알려진 한 와당에서는 히브리 문자가 발견되기도 했는데 히브리 문자는 지중해의 동쪽 연안인 페니키아 문명과 깊은 관련이 있는 것으로 알려져 있다.

지중해 문명의 크노소스 문자는 그림문자로 한자(漢字)의 원시형태이며, '선문자(線文字)B'로 불리는 미노아 문자는 한글의 원리와 거의 같다.

미노아 문자는 단순모음인 a, e, i, o, u에다 자음 J, K, L, M, N, P, R, S, T, W, X, Z로 구성되며 말을 할 때는 우리말처럼 자음에다 모음을 결합하여 사용한다.

이런 방식의 어법은 그리스의 알파벳에서는 받아들일 수 없는 문자체계이다. 미노아 문자를 한글과 비교해 보면 다음과 같다.

미노아 문자의 자음체계는 우리 것에서 ㄷ, ㅂ, ㅇ, ㅊ의 네 개가 빠져 있고 모음체계는 완벽하게 일치한다.

자 음 체 계				모 음 체 계	
K	ㄱ	J	ㅈ	a	ㅏ
N	ㄴ	X	ㅋ	e	ㅓ
L	ㄹ	T	ㅌ	o	ㅗ
M	ㅁ	P	ㅍ	u	ㅜ
S	ㅅ	W	ㅎ	i	ㅣ

또한 다섯 개의 모음은 ㅡ와 ㅣ를 합친 +를 중심으로 음양오행설에 따라 네 개의 방향을 가리키고 있다. 오행사상을 정확하게 반영하고 있는 이 모음 구조는 수메르 문자인 설형문자(쇠못문자)와 맥을 같이 하며 표현 구조도 한글과 같다.

```
        북
        ㅗ
서 ㅓ   +   ㅏ 동
        ㅜ
        남
```

고대 인도 문자인 구자라트 문자의 자음은 ㄱㄴㄷㄹㅁㅅㅇ(7자)이고, 모음은 한글과 같다. 또한 현재 인도 구자라트 주의 드라비다인들이 사용하는 타밀어와 한국어는 명사뿐만 아니라 동사도 일치하고 있다.

રે ન એ રી ર ર ને ર સે ળા

인도 구자라트 문자

영어	한국어	타밀어
I	나	난
you	너	니
mother	엄마	엄마
father	아빠	아빠
	아버지	아부지
look	보다	봐
day	날	날
come	오다	와
country	나라	나르
	너 이리 와	니 잉게 와

원나라 세조 쿠빌라이의 명을 받아 티벳 불교도 출신의 파스파가 1296년에 만든 파스파 문자는 뒤에 몽골글자의 기본이 되었는데, 한글 자음의 모체가 되는 원(○), 방(□), 각(△)의 형태를 오랫동안 보존하였다.

ᄒᄃᄅᄉᅎᅐᆯᄋ

몽고 파스파 문자

터어키어가 몽고어와 같이 신을 Tengri라 하는 것은, 수메르인들이 중앙아시아 일대에서 이동해 내려갔다는 심증을 갖게 한다. 또한 터어키어는 한글과 흡사한 말이 매우 많다. '마을'은 '마할레', '아내'는 '안네', '아빠'는 '바바', '힘'은 '심', '손가락'은 '가락'이며, '뒷간'을 '듀칸'이라 한다. 뿐만 아니라 우리말과 터어키어는 어순과 셈하는 방법 또한 일치한다.

이 외에도 여러 문자의 기원을 고대 유적에서 발굴된 옛 문자의 형태와 문자체계 등을 통해 살펴본 결과 신지글자의 후신인 가림토문자를 근원으로 하는 문자들을 발견할 수 있었으니, 즉 루운 필기체, 양사오 문자 유적 기호, 남미 볼리비아 문자 등이다. 그러나 이들 문자들과 신지글자와의 관계는 앞으로 더욱 깊은 연구가 필요하다고 생각된다.

이 밖에 우리말과 유사하거나 어원이 같은 것으로 추정되는 말을 600여 개나 가려 놓은 논문이 있다.

*일(一)의 이상(理想)

일의 이상이란 본성품의 이치의 모습을 말한다. 글자가 성품의 진리로부터 비롯되었음을 이야기하고 있다.

7. 역대 단군 연표

 환단고기 본문

1세 단군 왕검

즉위 단기 원년(기원전 2333)
재위 93년

 단군 왕검은 이윽고 천하를 평정하고 천하의 땅을 구획 지어 삼한 관경으로 통합하여 나누니 삼한에는 모두 5가(家) 64족(族)이 있었다. 진한(辰韓)은 천왕이 스스로 다스렸으니 아사달에 도읍을 세우고 나라를 열어 조선이라 하였다. 이분을 1세 단군이라 한다.
 아사달은 삼신에게 제사 지내던 땅으로 후인들이 왕검성이라 하였으니 왕검의 옛 집이 오랫동안 남아 있었기 때문이다.

 웅백다(熊伯多)를 봉하여 마한(마한의 왕)이 되게 하였으며 달지국(達支國)에 도읍을 정하였는데 또는 백아강이라고도 하였다.

마한산(馬韓山)에 올라 하늘에 제사 지낼 때 천왕이 고하기를, "사람이 거울을 보면 곱고 미운 것이 스스로 나타나고, 백성이 임금을 보면 평정되거나 어지러운 정치가 보이니 모양을 보려면 먼저 거울을 보듯 정치를 보려면 먼저 임금을 보아라." 하였다.

*마한(馬韓, 마한의 왕)이 글을 올려 말하기를, "성스럽도다. 그 말씀이여, 성스러운 임금은 무리의 뜻을 따르기 때문에 도가 크고, 어리석은 임금은 자기만 옳다하기를 좋아하기 때문에 도가 작은 것이니, 마음속으로 자기 자신을 성찰하지 않는다면 어찌 태만하다 하지 않을 수 있겠습니까?" 하였다. ▷단군세기, 태백일사 삼한관경본기 중 마한세가 상편

단군 왕검은 치우의 후손 중에서 지모와 용맹과 힘이 센 자를 가려 번한을 다스리도록 험독(險瀆)에 관청을 세웠으니, 지금도 또한 왕검성(王儉城, 진한·마한·변한의 수도는 모두 왕검성, 평양, 아사달 등으로 불리웠고 수도의 산은 모두 백악산으로 불리었다) 이라고 한다. 치두남(蚩頭男)은 치우 천왕의 후손으로 용맹과 지혜가 세상에 널리 알려져 단군이 불러서 만나보고 기특하게 여겨 번한을 다스리게 하고 겸하여 근방 우(虞)나라의 정치까지 감독하게 하였다. ▷태백일사 삼한관경본기 중 변한세가 상편

※ 즉위 33년 경자년

*요중(遼中)에 12성을 쌓았는데 험독(險瀆)·영지(令支)·탕지(湯池)·통도(桶道)·거용(渠鄘)·한성(汗城)·개평(蓋平)·대방(帶方)·백제(百濟)·장령(長嶺)·갈산(碣山)·여성(黎城)이 그것이다. ▷태백일사 삼한관경본기

중 번한세가 상편

※ 즉위 50년 정사년

홍수가 범람하여 백성들이 편안할 수 없게 되자 천왕이 풍백 팽우에게 치수를 명하여 높은 산과 큰 강을 안정시키고 백성을 편히 살게 하였으니 우수주(牛首州)에 비석이 있다.

※ 즉위 51년 무오년

천왕이 운사(雲師) 배달신(倍達神)에게 명하여 혈구(穴口, 강화도)에 삼랑성(三郞城)을 쌓고 제천단(祭天壇)을 마니산(摩璃山)에 쌓게 하였는데 지금의 참성단이 이것이다. ▷단군세기
마한이 강남의 장정 8천 명으로 이 역사를 도왔다.

※ 즉위 54년 신유년

3월에 천왕이 친히 마니산에 행차하여 하늘에 제사 지냈다.

※ 즉위 55년 임술년

마한의 왕 웅백다가 재위 55년에 죽으니 아들 노덕리가 즉위하였다.
▷태백일사 삼한관경본기 중 마한세가 상편

※ 즉위 67년 갑술년

9년에 이르는 홍수가 나서 그 피해가 만백성에게 미치자, 단군 왕검

단군조선 75

은 태자 부루를 보내어 우나라 순과 약속하여 대산에 모이도록 불렀는데, 순은 사공 우를 보내어 우리의 오행치수법을 전해 받아 공(功)을 이루었다. ▷태백일사 삼한관경본기 중 번한세가 상편

 단군 왕검이 태자 부루를 보내어 우나라의 사공과 도산(塗山, 구려분정이 의결되었던 지역을 도산이라 하는데, 도산이란 제천의식이 있었던 산을 말한다) 에서 만나게 하였는데, 태자는 오행치수의 법을 전하고 곧 나라의 경계를 조사하고 정하여 유주(幽州)·영주(營州) 두 고을을 우리에게 속하게 하였다. *회·대의 제후를 정하고 분조(分朝)를 두어 다스리게 하면서 우나라 순에게 그 일을 감독하도록 하였다. ▷단군세기

 이에 우를 낭야성에 두어 감독하게 하였으니 *구려분정(九黎分政)을 상의하여 결정하였다. 이것이 곧 『서경(書經)』(공자가 고대 문헌을 토대로 편찬한 중국의 역사책) 에서 *"동쪽으로 순행하였는데 차례로 망제(望祭, 멀리서 우러러보며 올리는 제사. 왕후가 영토 안의 산천을 바라보면서 올리는 제사) 를 지냈으니 … 동쪽의 천자를 만나 뵈었다."라고 말한 것이다. ▷태백일사 삼한관경본기 중 번한세가 상편

 태자 부루가 명을 받고 사신으로 도산에 가는 도중 낭야에서 반 달 동안 머물러 있으면서 백성들의 형편을 듣고 물었다.

 이때에 우나라 순임금이 사악(四岳, 순임금 때 제후들을 통솔하던 우두머리)을 거느리고 와서 물을 다스린 여러 일들을 보고하였다.

 이때 번한(番韓)은 태자의 명으로 경내에 크게 *경당(扃堂)을 일으키고 아울러 태산(泰山)에서 삼신에게 제사 지냈으니 이때부터 삼신의 옛 풍속이 회·대 사이에 크게 행하여졌다.

태자가 번한의 도산에 이르러 다스리기를 주관하여 번한에 모이게 하고 우나라의 사공에게 말했다.

"나는 북극수정자(北極水精子)다. 그대의 임금이 나에게 치수법으로 그 땅을 다스려 급히 백성을 구제해 줄 것을 청하였으며, 삼신상제(三神上帝)께서도 기꺼이 나로 하여금 가서 도우라고 하신 까닭으로 온 것이다."

드디어 왕토(王土, 천왕의 영토)의 전문(篆文)으로 된 천부왕인(天符王印)을 보이면서 말하였다.

"이것을 마음에 지니면 능히 험한 곳을 지나가도 위태롭지 않고 흉한 일을 만나도 해가 없을 것이다. 또한 신령스러운 침 하나가 있으니 능히 물의 깊고 얕음을 헤아리며 그 쓰임의 변화는 무궁하다. 또한 황(皇)의 법도와 종(倧)의 보배가 있으니 아주 험악한 물도 이것으로 진정시켜 길이 편안하게 하라. 이 세 가지 보배를 그대에게 주니 천왕 아들의 큰 가르침에 어김이 없으면 큰 공을 이룰 수 있을 것이다."

이에 우사공이 *삼육구배(三·六·九拜)의 절을 하고 나와서 말하기를, "태자의 명령을 힘써 행할 것이니 우리 우나라의 순임금께서 크게 여기는 정치를 도와 이로써 삼신에게 보답할 수 있다면 기쁨이 지극하겠나이다." 하고, 태자 부루로부터 금간옥첩(金簡玉牒)을 받았는데 대개 그것은 오행으로 물을 다스리는 요긴한 비결이었다.

태자가 도산에 구려를 모이게 하고 우나라 순에게 조공한 사례를 보고하도록 명하였는데 지금의 우공(禹貢)이라 하는 것이 이것이다. ▷태백일사 삼한관경본기 중 번한세가 상편

*우나라 사람 사우(姒禹)가 회계산(會稽山)에 이르러 조선의 자허선인 (紫虛仙人)으로부터 가르침을 받고 창수사자(蒼水使者) 부루를 뵙기를 원하여 황제중경을 이어받았는데 이것이 곧 신시황부(神市黃部)의 중경 (中經)으로 우가 얻어 가지고 가서 이를 써서 치수(治水)에 공을 세웠다.
▷태백일사 중 소도경전본훈

※ 즉위 83년 경인년

번한의 왕 치두남이 죽으니 아들 낭사가 즉위하였다.

3월에 가한성(可汗城)을 개축하여 뜻하지 않은 재난에 대비하였는데 가한성을 일명 낭야성이라 하였으니 번한의 낭야에 세운 까닭으로 이런 이름을 갖게 된 것이다. ▷태백일사 삼한관경본기 중 번한세가 상편

※ 즉위 93년 경자년

천왕이 유궐(柳闕)에 있었는데 토단[土階]이 저절로 이루어지고 무성한 풀이 깨끗이 없어졌다. 단목이 무성한 그늘에서 곰·범과 함께 소·염소가 노는 것을 볼 수 있었다. 싹이 틀 무렵에 논 사이의 도랑과 하수도를 치고, 밭과 길을 새로 만들었으며, 밭을 일구거나 누에치는 것을 권하고, 고기를 잡거나 사냥하는 일을 다스렸으며, 백성들에게 남는 물건이 있으면 나라에서 쓰게끔 보태도록 하였다. ▷단군세기

이 해 3월 15일에 천왕이 봉정(蓬亭)에서 세상을 뜨자 교외 10리 되는 곳에 장사지냈는데, 모든 백성이 부모를 잃은 듯 단군의 기(旂)를 받들

고 아침저녁으로 모여 앉아 경배하면서 항상 마음 속으로 생각하기를 잊지 않았다.

태자 부루가 뒤를 이어 왕위에 올랐다. ▷단군세기

주해

*마한(馬韓)

삼한이 삼한의 관경을 뜻하는 동시에 삼한의 왕을 지칭하여 쓰이는 것처럼, 마한 역시 마한의 관경을 뜻하기도 하고 경우에 따라서 마한의 왕을 지칭하기도 한다.

*요중(遼中)에 12성을 쌓았는데 ~ 여성(黎城)이 그것이다

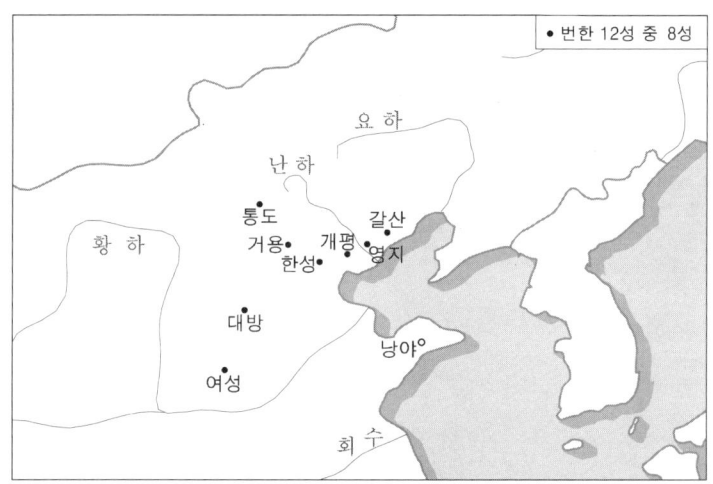

*회·대의 제후를 정하고 분조(分朝)를 ~ 감독하도록 하였다

분조란 중앙의 관리를 제후로 파견하여 지방을 다스리게 한 제후국과는 달리 스스로 세습하여 자치적으로 국가를 운영하게 한 경우를 말한다.

*구려분정(九黎分政)

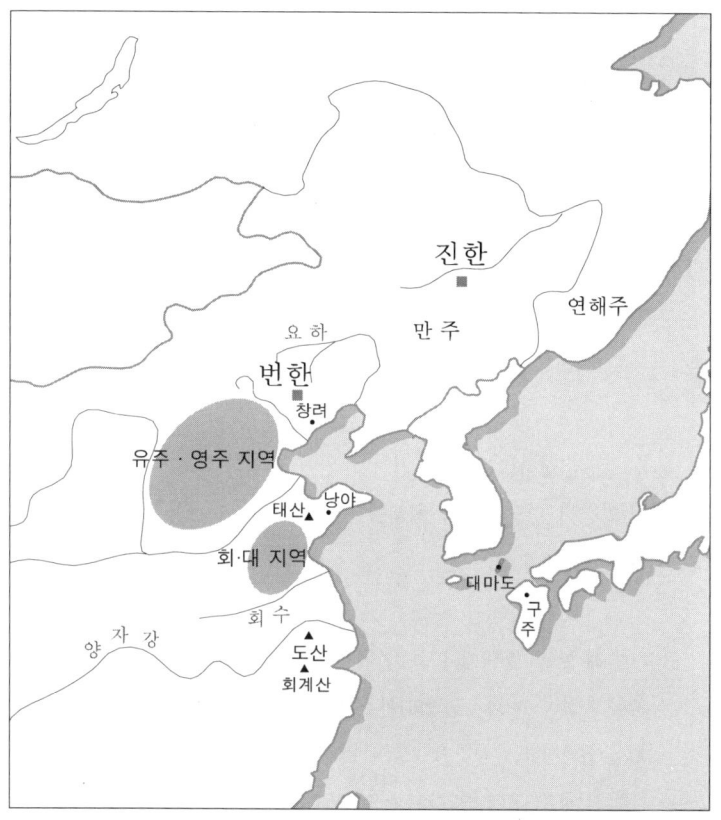

♣ 구려분정 관련 지역

광대한 대륙의 영토를 여러 이족들에게 나누어 다스리게 했던 제도이다. 이미 사는 지역에 따라 수많은 종족들로 나뉘어졌으며 한 지역에 여러 종족들이 뒤섞여 부족 단위의 생활권을 형성하고 있어 먼 지역의 이족들을 다스리기 어렵게 되자, 단군 왕검은 구환을 통일하여 단군조선을 세운 뒤 지역을 삼한으로 삼분하여 다스렸다.

만주 중앙은 진한이라 하였으니 천왕이 거하였으며 삼한을 다스리는 종주국이었다. 연해주·한반도·대마도·구주 등은 마한이, 중국 북부와 동부는 번한이 다스렸으며, 또한 회·대 지방에는 분조를 두어 다스렸다.

곧 단군이 태자 부루로 하여금 도와 덕을 갖춘 이를 세우게 하여, 황하 일대의 구려족들을 삼신일체사상으로 교화하고 다스리게 했던 정치제도가 구려분정이니, 구려분정을 감독하던 곳은 번한의 산동성 제성현 동남쪽의 낭야성이다.

*"동쪽으로 순행하였는데 ~ 천자를 만나 뵈었다."라고 말한 것이다

이는 순임금이 단군조선의 제후였음을 말하고 있으니 『서경』의 기록을 더 자세히 살펴보자.

그 해 2월에 동쪽에서 순수하여 태산에 이르러 멀리서 바라보며 산천에 제를 올렸다. 마침내 동방의 왕을 뵙고 일년의 달과 날을 협의하였으며 시월을 협의하고 날짜를 맞추고 음률과 도량형기를 통일하였다.
歲二月東巡守至于岱宗協時月正日同律度量衡 ▷중국 서경 경문

위의 기록은 순임금이 제후로서 단군을 알현하고 역법과 도량형을 단군조선의 것을 기준으로 하여 통일하였던 것을 밝히고 있다.

*경당(扃堂)

고구려에서는 문무일치 교육주의로 평민층의 자제에게 경학(經學), 문학, 무예 등을 가르치던 사학(私學)을 경당이라 했다. 고대에는 소도와 그 역할을 더불어 했던 곳이었다.

*삼육구배(三·六·九拜)

천제나 제사 때, 혹은 임금에게 절하는 법. 허리를 굽혀 세 번 절하고 일어나 한 발 나아가 여섯 번 머리가 땅에 닿도록 허리를 굽혀 절하는 것이다. 삼육대례와 같다.

*우나라 사람 사우(似禹)가 회계산(會稽山) ~ 치수(治水)에 공을 세웠다

우나라의 순임금이 홍수를 다스리기 위해 도움을 청하자, 단군 왕검은 모든 제후들을 도산에 모이게 하고 맏아들인 태자 부루로 하여금 도산회의를 주재하도록 하였다. 이에 순임금은 당시 사공이라는 직책에 있던 우를 파견하였다. 사우란 우나라의 뒤를 이은 하나라의 개국조이자 황제의 증손이다. 당시 단군조선에서 도산으로 태자 부루를 파견한 사실은 조선조 때 쓰여진 『응제시주』, 『동국여지승람』, 『동사강목』, 『동국역대총목』, 『세종실록』 등에도 기록되어 있다.

『오월춘추(吳越春秋)』의 기록에 현이(玄夷)의 창수사자로부터 금간옥첩을 받았다고 되어 있는데 중국『예기』「왕제편」에 현이 역시 구이의 한 종족으로 기록되어 있는 것으로 볼 때 역시『환단고기』의 기록과 같이 우(禹)가 태자 부루에게 오행으로 물을 다스리는 비결 등을 받아갔음을 알 수 있다.

 환단고기 본문

2세 단군 부루

즉위 단기 93년(기원전 2240)
재위 58년

※ 즉위 1년 신축년

천왕이 어질고 복이 많아서 재물이 쌓여 크게 부유하였고, 백성과 함께 산업을 다스려 한 사람도 굶주리거나 추운 사람이 없었다. 봄과 가을이 되면 항상 나라 안을 돌며 살피고 하늘에 제사 지냄에 있어서 세밀히 예하였다.

여러 제후들의 선함과 악함을 가려 상과 벌을 신중히 하였고, 개천과 도랑을 파서 농사와 누에치는 일을 권하였으며, 학교를 세우고 학문을 일으켜 문화가 크게 진보되었으니 그 명성은 날로 빛났다.

*처음에 우순에게 유주(幽州)·영주(營州) 두 고을을 베풀었다. 남국(藍國, 5가 64족 중의 하나로 단군조선의 남이藍夷가 세운 나라)이 이웃에 있었는데, 천왕이 군사를 보내 이를 쳐서 그 우두머리를 쫓아 없애 버리고 동무(東武)·도라(道羅) 등을 봉해 그 공로를 표창하였다. ▷단군세기

단군 부루 때에는 어아의 음악이 있었는데 대개 신시의 옛 풍속으로

서 삼신에게 제사를 지내 맞이하던 노래이다. ▷태백일사 중 소도경전본훈

 신시 이후로 하늘에 제사 지낼 때마다 나라 안 사람들이 모두 모여 함께 노래를 불러, 덕을 찬양하는 어아(於阿)의 곡조가 어우러졌으니, 즐거워하면서 감사하는 것을 근본으로 삼았다. ▷단군세기

 *대조신(大祖神)이란 하늘의 주재자가 되는 삼신을 말한 것이니 태양을 표본으로 삼고, 빛과 열을 *공능(功能)으로 삼았으며, 나고 화하여 발전하는 것을 *정지(情志)로 삼았고, 재앙과 복록의 과보를 받는 것을 *정의(正義)로 삼았다. ▷태백일사 중 소도경전본훈

 신과 사람이 화합하는 것을 사방이 법으로 삼았으니 이것이 *참전계(參佺戒)이다. 그 가사에 다음과 같이 말하였다.

 어아·어아 우리 대조신(大祖神)의 큰 은덕
 배달 나라 우리 모두 백백천천년 잊지 마세
 어아·어아 착한 마음은 큰 활이 되어
 악한 마음을 적중시킬 화살이 되네
 우리들 백백천천인 모두 큰 활의 줄과 같고
 착한 마음의 곧은 화살 한 마음 같네
 어아·어아 우리들의 백백천천인 모두 하나의 큰 활로
 많은 무리 명중시켜 그 과녁을 꿰뚫었네
 끓는 물 같은 착한 마음 가운데 악한 마음 한낱 눈덩일세
 어아·어아 우리들의 백백천천인 모두 큰 활 되어
 튼튼하고 굳건한 마음으로 같으면

배달 나라 광영은 백백천천년 큰 은덕일세
우리들의 대조신
우리들의 대조신 ▷단군세기

이로부터 세간의 풍속에 참전계가 있었고, 조의(皂衣)에 율법이 있어 의관을 한 자는 반드시 활과 화살을 차고 다녔다.

활을 잘 쏘는 자는 높은 지위를 얻었는데, 착한 마음을 몸을 닦아 행하는 근본으로 삼았고 활 쏠 때의 과녁은 가상의 악한 괴수로 여겼다.

제사에는 반드시 삼가하여 근본에 보답함을 알게 하고, 한마음으로 단결하도록 하였으며, 스스로 합당하게끔 모든 중생들을 제접하여 교화하였다.

안으로 닦고 밖으로 물리치면서 모두 때에 알맞게 베풀었으니 배달 나라의 광영은 백백천천년이 되었다. 이 높이 쌓인 큰 은덕을 어찌 한 순간인들 잊을 수 있겠는가.

옛날 하늘에 제사 지낼 때 무천(舞天)의 음악이 있었으니 『요사(遼史)』 「예지(禮志)」에 말한 요천(繞天)이 이것이다.

제사란 반드시 먼저 살아있는 것처럼 해야 하니 오래도록 변함 없이 살아있는 것같이 정성을 지극히 다하고자 하는 것이다.

신주(神主)를 세워 상을 차리고 재물을 바치는 것은 곧 친견한다는 것을 나타내고자 하는 의식이니, 오래도록 추모하여 근본에 보답하게 하는 것은 금생에 소중히 하고 뒤를 이어가게 하려는 가르침인 것이다. ▷태백일사 중 소도경전본훈

✤ 즉위 2년 임인년

천왕이 소련(少連)·대련(大連)을 불러 나라 다스리는 도를 물었다.

이보다 앞서 소련·대련은 상제 구실을 잘하여 사흘 동안 게으르지 않았고 석 달 동안 해이해지지 않았으며, 기년(만 1년)이 되도록 슬퍼하면서 삼 년 동안 상중(喪中)이었다.

이로부터 과거에 상을 당하면 다섯 달 만에 그만두던 풍속이 오랫동안 하는 것을 영광으로 여기게 되었으니, 천하의 큰 성인이 아니었다면 그 덕화의 유행이 이처럼 빨리 전해졌겠는가.

소련·대련 두 사람의 효행을 듣고 또한 공자는 "효란 사람을 사랑하고 세상을 유익하게 하는 근본"이라 칭송하면서 이것을 천하에 펴서 표준으로 삼았다.

✤ 즉위 3년 계묘년

9월에 조서를 내려 백성들에게 머리를 땋아 덮게 하고 푸른 옷을 입게 하였다. 말(斗)과 저울 등 모든 그릇은 관청의 표준에 따르도록 하였으며, 베와 모시의 가격은 서로 다른 곳이 없게 하여 백성들이 스스로 속이지 못하게 하니, 멀고 가까운 곳이 모두 편하였다. ▷단군세기

번한의 왕 낭사가 죽으니 아들 물길이 즉위하였다. ▷태백일사 삼한관경본기 중 번한세가 상편

✤ 즉위 10년 경술년

4월에 구정(邱井)을 구획 지어 정하고 논밭의 조세를 내게 함으로써 스스로 사사로운 이익이 없도록 하였다.

※ 즉위 12년 임자년

신지 귀기(神誌貴己)가 *칠회력(七回曆)과 *구정도(邱井圖)를 만들어 바쳤다. ▷단군세기

가을 10월에 명을 내려 칠회력을 백성들에게 반포하였다.

가을 10월에 마한의 왕 노덕리가 죽으니 아들 불여래가 즉위하였다.

※ 즉위 13년 계축년

봄 3월에 비로소 백성들에게 버드나무를 심도록 가르치고 백아강에 도정(都亭, 군현의 관청이 있는 곳)을 만들었다.

※ 즉위 16년 병진년

삼일신고를 비(碑)에 새겨 남산에 세웠다.

※ 즉위 20년 경신년

벼밭을 만들었다.

※ 즉위 23년 기해년

소도를 세워 삼륜구서의 교훈을 베푸니 치화가 크게 행하여졌다. ▷태백일사 삼한관경본기 중 마한세가 상편

※ 즉위 54년 갑오년

번한의 왕 물길이 죽으니 아들 애친이 즉위하였다.

애친이 죽으니 아들 도무가 즉위하였다. (도무의 즉위 년도는 기록되어 있지 않으므로 이어서 함께 싣는다) ▷태백일사 삼한관경본기 중 번한세가 상편

※ 즉위 58년 무술년

천왕이 세상을 뜨니 이 날 일식이 있었고 산짐승들이 떼를 지어 어지러이 산 위에서 울었으며 만백성이 몹시 슬퍼하였다.

뒤에 나라 사람들이 집안의 정한 곳을 택하여 단을 만들고 제사 지내면서 질그릇에 곡식을 가득 담아 단 위에 놓고 부루단지(扶婁壇地)라 하였는데 이것이 업신(業神)이 된다. 또한 전계(佺戒)란 전인 (全人, 지덕이 원만한 성인) 이 계를 준 것이니 업주가리(業主嘉利)라고 한다. 이는 사람과 업(業)을 모두 온전히 갖추게 한다는 뜻이다.

태자 가륵이 왕위에 올랐다. ▷단군세기

 주 해

*처음에 우순에게 유주(幽州)·영주(營州) ~ 이웃에 있었는데
『규원사화』에 이 내용이 다음과 같이 기록되어 있다.

> 처음에 부루가 임금의 자리에 올랐을 때 우나라 순임금이 남국에 인접한 땅을 영주(營州)로 삼은 지가 무릇 수십 년이었다. 부루가 제가(諸加)로 하여금 그 땅을 정복하게 하고 그 무리들을 모두 내치게 하였다. 이때 천하의 제후 가운데 들어와 알현하는 자가 수십 명이었으며, 어아의 노래를 지어 이로써 사람과 신이 어울려 화합하였다. 어아라 함은 기쁨을 나타내는 말이다.

*대조신(大祖神)

이러한 대목을 보고 우리 민족이 조상신을 숭배했다고 하는데 조상신의 의미를 잘 모르고 이야기하는 경우가 대부분이다. 대조신이란 하늘의 주재자가 되는 삼신이라는 이 대목에 극명하게 드러나 있지만, 성품 본바탕의 신령함이자 전지전능함이다. 이야말로 우주만물의 근원인 절대조상이며 이를 구현하여 자유자재했던 신인들 또한 인류의 조상 대조신인 것이다.

따라서 조상신숭배가 인간적인 우리만의 풍습이라 하고 죽은 혼령은 모두 다 신으로 여겨 섬겼다고 하지만 본래 조상신숭배란 그런 관점에서 비롯된 것이 아니라 모든 인류의 본성품이 본래 신성을 지녔기에 본성품의

전지전능한 절대경을 지향하는 데에서 비롯된 것이다.

*공능(功能) · 정지(情志) · 정의(正義)

공능이란 성품이 본래 지닌 지혜와 능력이니 태양의 빛과 열에 비유했고, 정지란 마음의 작용이니 태양이 만물을 생장시키는 것에 비유하였다. 또한 정의란 성품의 지혜와 능력을 자비로 베풀어서 만물을 구제하며 영원한 삶 속에 행복을 누리게 하는 것이니 이것으로 재앙과 복록의 과보를 받게 된다.

그리하여 태양이 빛과 열을 지니고 만물을 생장시키는 능력을 지녔듯 성인은 구족한 지혜와 능력으로 자비를 베풀어 만물을 구제하고 영원한 삶을 영위하게 하는 것이다.

*참전계(參佺戒)

참전계경 즉 치화경은 366조목으로 인과응보, 화복보응의 이치를 밝혀 놓은 것이다. 즉 참전계란 선을 장려하고 악을 경계한 것이니, 이것은 사회제도가 경계를 쫓는 이들을 깨우치기 위한 교화 방편으로 비롯되었다는 것을 나타낸다. 그러나 이때까지는 강력하고 강제적인 징벌보다는 이치에 의한 타이름과 경계함으로 평화로운 사회가 유지되었다는 것을 알 수 있다.

*칠회력(七回曆)

책력의 일종. 배달국 14대 치우 천왕 때 자부 선생이 신에게 일곱 번 제사 드리는 것으로 책력을 만들었다. 천신(天神), 월신(月神), 화신(火神), 수

신(水神), 목신(木神), 금신(金神), 토신(土神)인 일곱 신에게 제사 드렸으니, 7일을 한 주기로 했던 역법이다.

*구정도(邱井圖)

구정을 구획 지은 그림. 고대의 통치수단이자 수리시설의 수단에서 비롯된 농경제도인 정전제(井田制)에 의해 논밭을 구정으로 구획 지은 도면. 구는 16정(井), 1정은 900무(畝) 6척 사방을 보(步)라 했다.

환단고기 본문

3세 단군 가륵

즉위 단기 151년(기원전 2182)
재위 45년

◎ 즉위 1년 기해년

5월에 천왕이 삼랑 을보륵(三郞 乙普勒)을 불러 신왕종전(神王倧佺)의 도(신왕이란 신인일체의 왕이니 종과 전이 모두 신왕의 가르침이다)를 물었다. 보륵이 엄지손가락을 교차시키며 오른손을 얹어 삼육대례(三六大禮, 삼육구배와 같다)를 하고 나아가 말하였다.

"신(神)이 능히 만물을 내어 각각 그 성품을 온전하게 하니 신의 묘함을 백성들이 모두 의지하여 믿듯, 왕이 능히 덕과 의로써 세상을 다스려 각각 그 생명을 편안하게 하여야 백성들이 왕이 베푸는 바에 모두 승복하는 것입니다.

종(倧)은 나라에서 가려 뽑아야 할 바요, 전(佺)은 백성들이 받들어야 할 바이니 모두 7일을 돌아가며 삼신께 복종하기를 맹세함으로써, 삼홀(三忽, 홀은 한의 개념. 삼홀은 삼한)은 전을 위하고 구환은 종을 위하는 것입니다.

대개 그 도는, 아버지가 되고자 하는 자는 아버지가 할 바를 하고, 임금이 되고자 하는 자는 임금이 할 바를 하며, 스승이 되고자 하는 자는 스승이 할 바를 하며, 자식이 되고자 하거나 신하가 되고자 하거나 제자가 되고자 하는 자 또한 자식의 할 바를 하고, 신하가 할 바를 하며, 제자가 할 바를 하는 것입니다.

그러므로 신시 개천의 도 역시 신이 베푼 가르침으로서 나를 깨달으려면 홀로 나라는 것마저 공한 줄 알아야 하거늘, 인간세상에서는 물건이 있는 것으로 복을 삼는 것입니다.

그러므로 몸소 천신을 대신하여 천하의 왕이 되었으니, 도를 넓히고 무리를 유익하게 하여 한 사람도 성품을 잃는 일이 없도록 하였으며, 만왕(萬王)을 대신하여 인간을 맡아 다스림에 병을 없애주고 원한을 풀어 주며 한 사물의 생명도 해치는 일이 없게 하였습니다.

나라 안 사람들의 망령된 것을 고쳐서 참된 곳으로 나아가야 함을 알게 하여, 스무 하루를 계산하여 날마다 모이게 하여 전인(全人, 지덕이 원만한 성인) 이 계를 지니게 하였으니 이로부터 조정에는 종훈(倧訓)이 있고 성 밖 사람들에게 전계가 있었습니다.

우주 정기가 천하에 삼광(三光, 해·달·별) 오정(五精, 다섯 가지 감정. 희노애락욕. 눈귀코혀몸의 욕정) 을 변함 없이 내려주듯, 응결된 마음바다에 스스로 깨달은 현묘한 광명으로 구제하여 같게 하니, 이분이 거발환이며 이를 구환에 베풀자 구환의 백성들이 감화되어 따르고 하나로 교화되어 귀의하였다."

※ 즉위 2년 경자년

풍속이 한결같지 않아 아직도 방언이 서로 달라서 상형(象形)으로 뜻을 나타낼 수 있는 진서(眞書, 배달국 시대에 신지 혁덕이 만든 녹도문)는 있었으나, 열 집만 있는 고을에서도 말이 통하지 않는 일이 많았고, 100리 되는 나라에서는 글자를 서로 해독하기가 어려웠다. 이에 삼랑 을보륵에게 명을 내려 정음(正音) 38자를 갖추도록 하였으니, 이것이 가림토(加臨土)이며 그 글은 이렇다.

ㆍ ㅡ ㅣ ㅏ ㅓ ㅜ ㅗ ㅑ ㅕ ㅠ ㅛ ㅊ ㅋ
ㅇ ㄱ ㄴ ㅁ ㄷ ㅿ ㅈ ㅊ ᅀ ᄵ ᅘ ᅀ ㅅ ᄽ
ㅂ ㄹ ᄙ ㅃ ᅐ ㄲ ᅔ ᅕ ㄱ ㅍ ㅠ ㅠ

※ 즉위 3년 신축년

 신지 고결(神誌高契)에게 명을 내려 배달유기(倍達留記)를 편수(編修)하게 하였다. ▷단군세기

마한의 왕 불여래가 죽으니 아들 두라문이 즉위하였다.
 두라문이 죽으니 아들 을불리가 즉위하였다. (을불리의 즉위 년도는 기록되어 있지 않으므로 이어서 함께 싣는다) ▷태백일사 삼한관경본기 중 마한세가 상편

※ 즉위 6년 갑진년

 열양(列陽)의 욕살(褥薩, 최고위 지방장관) 색정(索靖)에게 명을 내려 약수

(弱水)로 옮기게 하고 종신토록 가두어 두었다가 뒤에 용서하여 그 땅에 봉하니 이것이 *흉노(凶奴)의 조상이다. ▷단군세기

● 즉위 7년 을사년
 9월, 천왕이 조서에서 말하였다.
 "천하에 으뜸가는 근본은 내 마음인 중일(中一)에 있다. 사람이 중일을 잃으면 성취되는 일이 없고, 사물이 중일을 잃으면 몸이 기울어 넘어진다. 임금의 마음이 오직 불안하고 무리의 마음이 어두우면, 성인은 처음에는 중(中)을 세워 고르게 하여 잃지 않게끔 한 연후에, 넓고도 큰 일(一)로 안정시킨다.
 *오직 중(中)이자 오직 일(一)인 도(道)로 아버지는 마땅히 자비로워야 하고 자식은 마땅히 효도하여야 하며, 임금은 마땅히 의로워야 하고 신하는 마땅히 충성하여야 한다.
 부부는 마땅히 서로 공경하여야 하고 형제는 마땅히 서로 사랑하여야 하며, 늙은이와 젊은이는 마땅히 차례가 있어야 하고 친구는 마땅히 서로 믿어야 한다.
 몸을 수양하여 삼가고 공손하고 검소하며, 학문을 닦아 연마하여 지혜를 열고, 능력을 발휘하여 널리 유익하게 되도록 서로 힘씀으로써, 몸의 자유를 이루며, 만물을 개발하여 평등하게 하고, 천하에 스스로의 능력을 떨치도록 해야 한다.
 마땅히 나라의 전통을 존중하여 헌법(憲法)을 엄하게 지켜 각자가 그 직책을 다하고, 부지런함을 장려하여 산업을 보전해야만 한다. 또한 나

라에 일이 있을 때에 몸을 던지는 의로움을 지녀야 할 것이니, 위험을 무릅쓰고 용감히 나아가 만세(萬世)에 굳세어 의지함이 없으면 하늘의 도움이 멀리까지 미칠 것이다.

 이는 짐이 나라 사람과 더불어 간절히 마음에 간직하여 바꾸지 않을 것이니, 한 몸인 기틀에 완전히 갖추어져 있는 지극한 뜻이거늘 어찌 공경하지 않겠는가." ▷태백일사 삼한관경본기 중 마한세가 상편

※ 즉위 8년 병오년
 강거가 반란을 일으켜 천왕이 이를 지백특(支伯特)에서 토벌하였다.

 여름 4월에 천왕이 불함산에 올라가 민가의 밥짓는 연기가 조금 올라오는 것을 보고 명을 내려 세금을 감하여 차등을 두었다.

※ 즉위 10년 무신년
 두지주(豆只州)의 예읍(濊邑)에서 반란을 일으키니, 여수기에게 명을 내려 그 우두머리 소시모리의 목을 베었다. 그로부터 그 땅을 소시모리라 했는데, 지금은 음이 변해서 우수국(牛首國)이 되었다.
 *그 후손에 협야노라는 자가 있어 해상으로 도망하여 삼도(三島, 일본 열도)를 점령하고 방자하게도 천왕이라 하였다.

※ 즉위 45년 계미년
 9월에 천왕이 세상을 뜨니 태자 오사구가 왕위에 올랐다. ▷단군세기

주 해

*흉노(匈奴)의 조상

흉노족은 시대에 따라 여러 이름으로 불리었다.

● 흉노족 발생지
약수
진한
번한
열양

요임금과 순임금의 이전에는 산융 또는 훈육, 하나라 때에는 순유, 은나라 때에는 괴방, 주나라 때에는 험윤, 한나라 때엔 흉노라 하였다.

唐虞己上曰山戎 亦曰葷粥 夏曰淳維 殷曰鬼方 周曰獫狁 漢曰匈奴 ▷중국 사기 오제본기

흉노는 이 이외에도 훈죽(葷粥)・험윤(獫狁)・곤이(昆夷), 북적(北狄), 융적, 산융 등으로 불리었다. 흉노는 곧 산융의 다른 이름인데 산융이 조선인 숙신이라는 것은 앞의 총론에서 이미 밝힌 바 있다.

그러므로 흉노는 『환단고기』에서 보듯 단군조선에 속한 한 종족이다.

단군조선 말기부터 두각을 나타내기 시작하여 그 세력이 매우 강성하였는데, 당시 한나라가 흉노족의 잦은 침략으로 인해 경제적 파탄에 이른 것을 보아도 잘 알 수 있다.

당시 흉노족은 자신들의 군장을 천자의 뜻을 지닌 단우(單于)라 하였는데 이는 단군이라는 뜻을 담고 있다.

*오직 중(中)이자 오직 일(一)인 도(道)
중(中)이란 일(一)의 도(道)라고 했다. 일(一)의 도(道)란 이미 화현한 세계에서 근원에 어그러짐이 없이 함이니, 함이 없는 함으로 근원과 둘이 아님을 영위하는 것이다.
따라서 중(中)은 화현한 세계에서 근원의 이치에 어그러짐 없이 하는 법도이다. 이 법도를 펴서 행(行)부터 다스려가 심성을 맑고 고요하게 가다듬게 함으로써 본성품을 깨달을 수 있게끔 교화하는 것을, 처음에 중(中)을 세워 고르게 하여 잃지 않게끔 한 연후에 넓고도 큰 일(一)로 안정시킨다고 한 것이다.

*그 후손에 협야노라는 자가 ~ 방자하게도 천왕이라 하였다
소시모리의 부장 협야노는 여수기 대장군의 추격을 피해 현재의 일본열도인 삼도로 탈출하여 아직 토착민들이 원시생활을 하고 있는 삼도땅의 첫 번째 대추장이 되었다. 이는 일본 고사에 스사노오가 모국인 소시모리로 갔다는 내용과 일치한다. 또한 일본에는 우두천왕(牛頭天王)을 모신 신사가 있고 우두사를 '소머리데라'라고 부르고 있다.

환단고기 본문

4세 단군 오사구

즉위 단기 196년(기원전 2137)
재위 38년

❉ 즉위 1년 갑신년

천왕이 아우 오사달을 몽고리한(蒙古里汗)으로 봉했는데, 혹 말하기를 지금의 *몽고족이 그 후손이라고 한다.

겨울 10월에 북쪽으로 행차하였다가 돌아와 태백산에 이르러 삼신에게 제사 지내고 신령스러운 풀을 얻어 이것을 인삼(人蔘) 또는 선약(仙藥)이라 하였는데, 이 뒤에 신선이 죽지 않는다는 말은 인삼을 캐어 정기를 보양한다는 말과 밀접한 관련이 있게 되었으며, *때로는 인삼을 캐어 얻은 집 사이에서 신령스러운 신의 이적이 나타나고 자못 기이한 체험이 많다고 전하였다. ▷단군세기

❉ 즉위 2년 을유년

마한의 왕 을불리가 죽으니 아들 근우지가 즉위하였다. ▷태백일사 삼한관경본기 중 마한세가 상편

※ 즉위 5년 무자년

둥글고 구멍 뚫린 *패전(貝錢)을 만들었다.

가을 8월에 하(夏)나라 사람이 와서 방물을 바치고 신서(神書, 천문과 역법에 관한 문서)를 구해 갔다.

10월에 천하의 별기(別記)를 돌에 써서 백성들에게 공포하였다. ▷단군세기

※ 즉위 7년 경인년

*살수(薩水) 상류에 조선소(造船所)를 세웠는데 마한이 장정 30명을 보내어 배를 만들게 하였으니 곧 진한의 남쪽 해안이었다. ▷단군세기, 태백일사 삼한관경본기 중 마한세가 상편

※ 즉위 19년 임인년

*하나라 왕 상(相, 제5대)이 덕을 잃어, 천왕이 식달에게 명을 내려 남(藍, 남이)·진(眞, 진한)·변(弁, 번한) 세 부(部)의 군사를 거느리고 가서 치니 천하가 이 소문을 듣고 모두 항복하였다. ▷단군세기

※ 즉위 29년 임자년

마한의 왕이 명을 받아 상춘(常春)에 들어가 *구월산(九月山)에서 삼신에게 제사 지내는 일을 도왔다.

10월에 모란봉 중턱에 이궁(離宮, 천왕의 별장)을 세워 천왕이 다닐 때 머무는 곳으로 삼았으며 3월마다 마한의 왕에게 명하여 군사를 사열하

고 사냥을 하게 하였다.

16일에는 기린굴(麒麟窟)에서 하늘에 제사 지내고 조의에 관(冠)을 쓰는 예를 행하게 하였으며 계속하여 노래하고 춤을 추는 등 여러 가지 놀이를 하고 파하였다.

※ 즉위 31년 갑인년

마한의 왕 근우지가 죽으니 아들 을우지가 즉위하였다.

을우지가 죽으니 동생 궁호가 즉위하였다. (궁호의 즉위 년도는 기록되어 있지 않으므로 이어서 함께 싣는다) ▷태백일사 삼한관경본기 중 마한세가 상편

※ 즉위 38년 신유년

6월에 천왕이 세상을 뜨니 양가의 구을이 왕위에 올랐다. ▷단군세기

주 해

*몽고족

몽고족은 그들의 세력이 강성해지자 칸(Khan)이라 하였으니 이는 환(桓) 또는 한(韓)에서 비롯된 말이다.

징기스칸이 이끄는 몽고족이 러시아 지역을 포함한 유라시아 지역을 정복한 뒤 중원의 서쪽 지역을 나누어 다스렸는데 국호를 모두 한국이라 하였다. 오고타이 한국, 차카타이 한국, 킵차크 한국, 일 한국 등이다. 훗날 이들이 세운 원나라는 명나라에 의해 멸망하였다.

*때로는 인삼을 캐어 얻은 ~ 자못 기이한 체험이 많다고 전하였다

동아시아인 한반도는 중국『산해경』에서도 보듯 장생약, 신선의 약초 등으로 유명하다. 그만큼 자연환경이 뛰어난 땅이다. 지금도 한반도의 모든 약재나 과일 등이 세계적으로 뛰어난 효능과 맛, 질을 나타내고 있다. 은행잎 하나까지도 이 땅에서 난 것의 효능이 가장 뛰어나다고 한다.

*패전(貝錢)

이때에 조개껍데기에 구멍을 뚫은 패엽전을 사용하기 시작했는데 이것이 화폐의 시작이다. 그래서 한자를 보면 돈을 의미하는 단어나 글자에는 반드시 조개를 의미하는 패(貝)자가 들어있다.

현 중국이 그들의 왕조로 삼고 있는 당시의 하나라는 내륙에 위치하고

있어서 조개껍데기를 구하기 어려웠다. 따라서 최초의 화폐인 패엽전은 단군조선의 해안 지역 부족들이 각 나루간의 교역이 성행하자 물물교환의 불편을 덜기 위해 사용하기 시작했음을 알 수 있다.

*살수(薩水) 상류에 조선소(造船所)를 세웠는데

기원전 2137년 즉 4,100여년 전인 이때에도 교역이 활발하여 해변을 끼고 문물이 발달하였다. 당시에 이미 선박을 만드는 곳이 있었으니 이것이 백제가 해양국가로서 바다를 사이에 두고 대륙의 중동부 지역과 한반도, 일본열도까지 지배하며 이름을 떨치게 된 배경이 되었으리라고 짐작된다. 또한 이러한 저력이 조선 시대의 거북선과 해전의 대승으로까지 이어졌던 것이다.

*하나라 왕 상이 덕을 잃어 ~ 모두 항복하였다

위에서 말한 바 있듯 하(夏)나라 (기원전 2205~1766) 의 우는 도산에서 단군조선의 태자 부루로부터 오행치수법이라는 신서를 받고 치수에 공을 세워, 2세 단군 때에 순의 뒤를 이었다.

하나라는 왕위 세습이 이루어졌던 최초의 국가로서, 중국 학자 부사년이 하나라의 시조를 우(禹)라고 하지 않고 우의 아들인 계(啓)라 하고 있는 것은 우왕까지도 단군조선의 관리적 성격을 띤 제후였음을 나타낸 것이다. 그리하여 '계 이후로 비로소 하후(夏后)라 칭하였다.'고 하였다.

도와 덕으로 백성들을 감화시킨 순임금의 덕치 시대를 지나 그 뒤를 이은 하나라는 자립적인 통치체제를 확립하려고 왕권을 강화하였으나, 왕이 덕을 잃을 시엔 역시 단군조선의 응징과 백성들의 반발로 정권을 유지할 수 없었다.

하나라 태강이 덕을 잃자 동이들이 반란하기 시작했다.
夏后氏太康失德 夷人始畔 ▷중국 후한서 동이전

왕의 정치가 바르면 빈객으로 와서 따르지만 덕의 가르침을 잃으면 난을 일으켰다. 옛날에 하나라 태강이 나라를 잃었는데, 이는 사이들이 배반했기 때문이다.
王政脩則賓服 德敎失則寇亂 昔夏后氏太康失國 四夷背叛 ▷중국 후한서 서강전(西羌傳)

위에 인용한 중국 사서의 기록에 등장하는 동이, 사이가 단군조선이라는 것은 총론에서 증명한 바 있다.

따라서 동이, 사이와 하나라의 관계를 보여 주고 있는 위의 기록들은 바로 대륙을 지배했던 종주국인 단군조선과 하나라의 관계를 말해 주고 있는 것으로서 계의 뒤를 이어 3대 왕위에 오른 태강이 덕을 잃고 정사를 돌보지 않다가 단군조선으로부터 응징을 받은 사실을 구체적으로 말해 주고 있다.

태강의 뒤를 이어 태강의 아우 중강(中康, 제4대)이 제위에 올랐으나, 백성들이 따르지 않아 실질적인 통치권을 갖지 못하였다. 그리고 중강이 죽자 즉위한 아들 상(相, 제5대) 또한 덕을 쌓지 못하여 신하들은 왕위를 넘보고 주위 이족들은 반발하였다. 상이 계속 주위 이족과 불화하며 견이, 황이들과 자주 싸우자 4세 단군 오사구는 남·진·번 삼부의 군사를 파견하여 하나라의 정치를 바로잡고자 하였다. 이때 상은 제구(帝邱)에서 싸우다가 패하여 자결하였다.

이후 한착을 거쳐 상의 아들인 소강이 다시 왕위에 올라 왕조가 이어짐으로써 하나라는 17세에 걸쳐 400여 년간 존속하였으며 양성(陽城), 짐심(斟鄩), 제구(帝丘), 원(原), 노구(老丘), 서하(西河)의 순으로 수도를 옮겼다. 이는 모두 현재의 산서성과 하남성 지역이다.

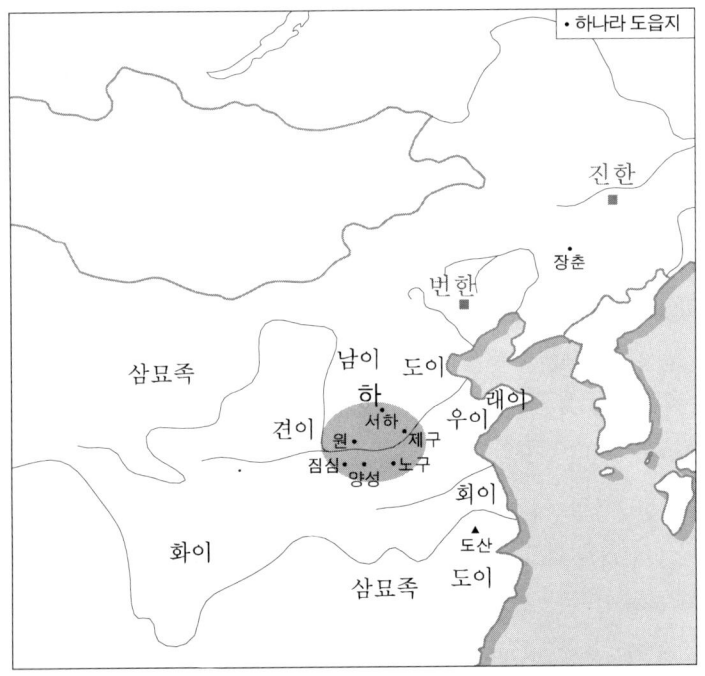

♣ 대륙을 장악한 이족과 하나라 도읍 변천

*구월산(九月山)

 길림성 장춘에 있는 산. 천왕이 여러 제후들을 모이도록 하여 삼신에게 제사 지냈다는 「단군세기」의 기록을 통해 상춘의 구월산은 천왕이 머무는 진한의 도읍 합이빈 곧 길림성 하르빈에서 가까운 곳에 있었음을 알 수 있다. 또한 27세 단군 두밀 때의 기록을 보면 구월산이 상춘의 주가성자에 있다 하였는데 상춘은 현재 길림성에 있는 장춘으로서 최근 중국에서 발행한 지도를 보면 이를 증명하듯 장춘시 북쪽에 주성자(朱城子)라는 지명이 표기되어 있다.

 황해도 은율과 신천 사이에도 구월산이 있는데 해발 954미터로 환인·환웅·단군을 모신 삼성사가 있었고, 또한 지금 단군대, 어천석, 사황봉 등 단군의 자취가 즐비하다고 한다.

 이를 보면 구월산 역시 백산과 같이 제천의식을 행하여 신성시되었던 산의 명칭이었던 것을 알 수 있다.

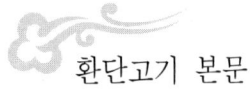

환단고기 본문

5세 단군 구을

즉위 단기 234년(기원전 2099)
재위 16년

❁ 즉위 1년 임술년

  명을 내려 태백산에 단을 쌓게 하고 사자를 보내어 제사를 지냈다.

❁ 즉위 2년 계묘년

  5월에 황충(蝗虫, 농사에 해를 끼치는 메뚜기과의 벌레)이 크게 번져 밭과 들을 덮었는데, 천왕이 친히 밭과 들을 돌아보고 나서 황충을 삼키고 삼신에게 황충을 없애달라고 하니 며칠 만에 모두 죽었다. ▷단군세기

  번한의 왕 도무가 죽으니 아들 호갑이 즉위하였다. ▷태백일사 삼한관경본기 중 번한세가 상편

❁ 즉위 4년 을축년

  처음으로 갑자(甲子)를 써서 역(曆, 달력)을 만들었다.

◉ 즉위 8년 기사년

신독인(身毒人, 신독은 인도의 옛 이름이다. 천축국이라고도 한다)이 표류하여 동해의 해변에 이르렀다.

◉ 즉위 16년 정축년

친히 장당경(藏唐京)에 행차하여 삼신단(三神壇)을 쌓고 환화(桓花)를 많이 심었다. 7월에 천왕이 남쪽으로 순수(巡狩)하다가 풍류강(風流江)을 거쳐 송양(松壤)에 이르러 병을 얻었는데 얼마 안 되어 세상을 떴으니 대박산(大博山)에 장사 지냈다. 번한(번한의 왕)이 사람을 보내어 장례를 치르게 하고 군사를 나누어 엄하게 경계하였다. ▷단군세기, 태백일사 삼한관경본기 중 번한세가 상편

우가의 달문이 뽑혀서 무리에 들어와 대통을 이었다. ▷단군세기

환단고기 본문

6세 단군 달문

즉위 단기 250년(기원전 2083)
재위 36년

◉ 즉위 1년 무인년 ▷단군세기

◉ 즉위 7년 갑신년
*하나라 왕 소강(少康, 제6대)이 사신을 보내어 새해 하례를 하였다.

◉ 즉위 12년 기축년
번한의 왕 호갑이 죽으니 아들 오라가 즉위하였다. ▷태백일사 삼한관경본기 중 번한세가 상편

◉ 즉위 35년 임자년
여러 제후들을 상춘에 모이게 하여 구월산에서 삼신에게 제사 지냈는데, 신지 발리(神誌發理)에게 서효사(誓效詞, 제사 때 널리 알리는 글)를 짓게 하였으니, 그 사(詞)에 말하였다.
"일찍이 빛을 먼저 바탕에서 받은 삼신이 세상에 내려와 나타나셨으

니 환인으로 나오시고, 형상 이전의 두루 넓은 덕을 둔 여러 신들과 깊이 의논하여 환웅을 보내 명을 받들게 하여 처음으로 나라를 세웠다.

치우가 청구에서 일어나 회·대에서 만고에 무성(武聲)을 떨치므로 모든 왕이 따랐고 천하에 능히 칠 자가 없었으며 왕검이 대명(大命)을 받으니 기뻐하는 소리가 구환을 흔들었도다.

물고기에 물이 있는 것처럼 백성들이 소생하고 풀에 바람이 부는 것처럼 덕화가 새로워 원망을 품은 자는 원망을 풀고 병든 자는 병이 없어졌으니 한결같이 마음에 어짊과 효성이 있어 세상이 모두 광명하였다.

진한(眞韓)이 나라 안을 진정시키고 도(道)로 다스리자 모두 새로워졌으며, 모한(慕韓, 마한)을 그 왼편에 살게 하고 번한을 그 남쪽에 살게 하니 가파른 바위가 사면을 둘러쌌다.

성스러운 임금이 새 도읍으로 행차함에 저울추, 저울판과 같았으니, 저울판은 백아강(白牙岡)이며 저울대는 소밀랑(蘇密浪)이고 저울추는 안덕향(安德鄕)으로 머리와 꼬리처럼 고르고 평평하게 자리잡고 있었다. 은혜를 입어 신령한 정기를 지키니 나라가 흥하고 태평함이 보존되었도다.

70개 나라를 항복받고 삼한의 의(義)를 길이 보존하여 왕업이 흥하고 융성하였으나 흥하고 폐하는 것을 논하지 말라. 진실로 모든 일이 천신(天神)을 섬기는 데에 있다."

이리하여 여러 제후들과 더불어 약속하였다.

"대개 함께 약속하는 우리는 환국의 다섯 가지 가르침과 배달국 신시의 다섯 가지 일을 영구히 지켜야 할 일로 삼는다.

제천의식을 사람의 근본으로 삼고, 나라를 다스리는 방편은 먹는 것을 우선으로 삼는다. *그러므로 농사는 만사의 근본이고, 제사는 다섯 가지 가르침의 근원이니 마땅히 나라 사람 모두를 다스리기 위하여 비롯된 것이다.

먼저 종족을 소중히 여길 것을 강론하고, 다음으로 포로나 죄수를 용서하여 더불어 사형을 없애고 책화(責禍)로 영토를 보전하면서 화백으로써 공평하게 하였다.

오로지 한결같이 베풀어〔一施〕함께 화합하게 하고 마음을 겸손히 하여 낮추고 스스로를 길러 이것을 어진 정치의 시작으로 삼으리라."

이때에 맹세를 맺고 폐백을 바친 것은 큰 나라 2개국, 작은 나라 20개국이었으며, 부락이 3,624였다. ▷단군세기

『신지비사(神誌秘詞)』는 단군 달문 때의 사람 신지 발리가 지은 것인데 본래 삼신의 옛 제사 때의 서원문이다. 대체로 상고 시대에 하늘에 제사 지내는 뜻의 요지는 백성을 위하여 복을 비는 데 있고 신에게 나라를 흥하게 해 주기를 비는 데 있었다.

그런데 지금은 일을 벌이기를 좋아하는 사람들〔好事家〕이 『신지비사』를 가지고 도참(圖讖, 땅의 길흉, 인사의 흥망 등을 예언하는 점술이나 그러한 내용의 책)이나 성점(星占, 별의 빛과 위치, 그리고 그 운행을 보고 길흉을 예언하는 점술)의 여러 가지로 변화시켜 운수를 헤아리며 여기에다 더해서 이것

을 진단구변도(震檀九變圖)라고 하고 예언하는 비결이라고 본보기를 만들어 그것이 일〔事〕의 앞장이 되게 하니 이 또한 잘못된 일이다.

『신지비사』에 말하였다.

"저울대를 부소량(扶蘇樑)이라 한 것은 진한(辰韓)의 옛 도읍을 말한 것이니, 단군조선이 도읍한 아사달이 이것이며 곧 지금의 송화강의 합이빈(哈爾濱)이다.

저울추를 오덕지(五德地)라 한 것은 번한의 옛 도읍을 말한 것이니, 지금의 개평부(開平府) 동북쪽 70리 되는 곳에 있는 탕지보(湯池堡)가 이것이다.

저울판을 백아강이라고 한 것은 마한의 옛 도읍을 말한 것이니, 지금의 대동강(大同江)으로써 곧 마한의 웅백다가 마한산(馬韓山)에서 하늘에 제사 지낸 곳이 곧 여기이다.

조용히 삼한의 지세(地勢)를 저울에 모두 비유해 보면 부소량은 나라의 저울대와 같고, 오덕지는 나라의 저울추와 같으며, 백아강은 나라의 저울판과 같으니, 이 세 가지 중에서 하나만 없어도 저울이 물건을 달 수 없듯, 나라가 백성을 보전할 수 없는 것이다.

삼신에게 제사 지내는 옛 제사의 서원은 오직 삼한의 관경에 있는 백성을 진실로 기쁘게 해 주고자 하는 뜻이었으니 『신지비사』의 전하는 바 역시 또한 다르지 않다.

이에 곧 나라를 위한 일념으로 하나가 되도록 충의를 장려하고 신에게 기쁨으로 제사 지내면서 복을 내려주시길 바랬으니, 신은 반드시 알맞은 복을 내리시고 반드시 나라를 흥하게 하셨다. 곧 실답게 일을 행하여 효험이 없다 해도 구함이 없이 실행해야 옳다 할 것이니 곧 구함이 있으면 효험이 있다고들 하나 어찌 쫓아서 공을 얻겠는가." ▷태백일사 중 소도경전본훈

※ 즉위 36년 계축년
　천왕이 세상을 뜨니 양가 한율이 왕위에 올랐다. ▷단군세기

주 해

*하나라 왕 소강이 사신을 보내어 새해 하례를 하였다

하나라 5대 상이 죽고 아들 소강이 성장하여 나라를 되찾기까지 한착이란 인물이 하나라를 다스렸는데, 현 중국 사서에서는 옛 신하 미(靡)라는 장수 한 명을 얻어 소강이 한착과의 싸움에서 이기고 나라를 찾은 것으로 말하고 있으나 분명 장수 한 명만으로 왕권을 찾은 것이 아님을 알 수 있다.

『규원사화』에서는 "뒤에 소강이 하나라를 다스리는 도리를 일으켜 오래 화평을 유지하였다."라고 하고 있는데 「단군세기」의 하나라 왕 소강이 사신을 보내어 새해 하례를 하였다는 이 기록과 중국『후한서』「동이전」서문의 "소강 이후 사람들이 왕에게 복종하기 시작했다."고 한 기록을 볼 때 단군조선과의 화친이 주위 이족 세력들의 신임과 지지를 얻게 하여 큰 영향을 미쳤으리라는 것을 쉽게 짐작할 수 있다.

*그러므로 농사는 만사의 ~ 다스리기 위하여 비롯된 것이다

단군 시대 역시 환국의 만민평등사회를 이루고자 하는 것을 영구히 지켜가야 할 일로 삼았으며, 하늘에 제사 지내는 의식을 다섯 가지 가르침의 근원으로 삼았다. 즉 환인·환웅 시대 교화의 맥을 이어 삼신일체사상으로 각 부락과 제후국을 다스렸던 것이니, 삼신일체사상이 단군조선 부족연맹체의 결속과 통치의 맥을 잇는 정신이었음을 알 수 있다.

그리하여 전쟁이 일어날 시에 단군조선의 지배를 받는 대륙 내의 각 부족이 하나로 연결되어 64족이 긴급하고 신속하게 대처할 수 있었던 것이다. 삼신일체사상에 의한 이 대륙의 평화와 화합은 욕심과 경계에 치달려가 사람의 마음이 뿌리를 잃어 삼신일체사상이 흐려지면서 붕괴되고 이는 내외의 반란과 분쟁·전쟁을 초래하게 되었다.

 환단고기 본문

7세 단군 한율

즉위 단기 286년(기원전 2047)
재위 54년

◎ 즉위 1년 갑인년 ▷단군세기

◎ 즉위 33년 병술년
번한의 왕 오라가 죽으니 아들 이조가 즉위하였다. ▷태백일사 삼한관경
본기 중 번한세가 상편

◎ 즉위 54년 정미년
천왕이 세상을 뜨니 우서한이 왕위에 올랐다. ▷단군세기

환단고기 본문

8세 단군 우서한(혹 오사함烏斯含이라고도 한다)

즉위 단기 340년(기원전 1993)
재위 8년

● 즉위 1년 무신년

천왕이 순수하다가 번한의 백아강에 머물면서 명을 내려 밭을 획정하고 토지를 주면서 네 집으로 구(區)를 만들었으니, 구마다 말 네 필이 끄는 수레 한 대씩을 내어 향토 방위를 나누어 맡게 하였다. ▷태백일사 삼한관경본기 중 마한세가 상편

20에 1을 받는 세법을 정하고, 널리 있고 없는 것을 서로 바꾸게 하여 부족한 것을 보충하게 했다. ▷단군세기

마한의 왕 궁호가 죽었으나 후사가 없어 두라문의 동생인 두라시의 증손 막연에게 명을 내려 마한의 왕위를 계승하게 하였다. ▷태백일사 삼한관경본기 중 마한세가 상편

● 즉위 2년 기유년

풍년이 들어 한 줄기에 여덟 개의 이삭이 나서 윗사람에게 바쳤다.

※ 즉위 4년 신해년

 천왕이 남이 알아볼 수 없게 옷을 갈아입고 몰래 국경을 넘어 하나라의 실정을 살펴보고 돌아와 크게 관제를 고쳤다.

※ 즉위 7년 갑인년

 세 발 달린 까마귀가 나라 동산 위에 날아들었는데 날개의 너비가 석 자나 되었다.

※ 즉위 8년 을묘년

 천왕이 세상을 뜨니 태자 아술이 왕위에 올랐다. ▷단군세기

환단고기 본문

9세 단군 아술

즉위 단기 348년(기원전 1985)
재위 35년

※ 즉위 1년 병진년

 천왕이 어진 덕이 있어 백성들 가운데 금한 것을 어기는 자가 있으면, 반드시 "땅이 비록 더러워질 때도 있으나 비와 이슬이 내려 씻기는 때도 있다." 하면서 내버려 두고 논하지 않았으니, 법을 어긴 자는 그 덕에 감화되었으며 그 두터운 덕화가 크게 행하여졌다. 이 날 두 개의 해가 한꺼번에 뜨자 구경하는 사람이 울타리처럼 늘어섰다.

※ 즉위 2년 정사년

 청해(青海)의 욕살 우착이 군사를 일으켜 궁궐을 침범하였으니, 천왕이 상춘으로 피하여 새 궁전을 구월산 남쪽 기슭에 세우고, 우지·우율 등을 보내어 이를 쳐서 베어버린 뒤, 3년 만에 도읍으로 돌아왔다.
▷단군세기

※ 즉위 11년 병인년

번한의 왕 이조가 죽으니 동생 거세가 즉위하였다.

※ 즉위 26년 신사년

거세가 죽으니 아들 자오사가 즉위하였다. ▷태백일사 삼한관경본기 중 번한세가 상편

※ 즉위 35년 경인년

천왕이 세상을 뜨니 우가의 노을이 왕위에 올랐다. ▷단군세기

환단고기 본문

10세 단군 노을

즉위 단기 383년(기원전 1950)
재위 59년

❋ 즉위 1년 신묘년
처음으로 큰 동산을 만들어 가축 이외의 짐승을 길렀다.

❋ 즉위 2년 임진년
친히 황폐한 마을에 나아가 위문하고 야외에서 천자의 수레를 머무르게 하니 현자들이 많이 와서 귀의하였다.

❋ 즉위 5년 을미년
궁문 밖에 신원목(伸冤木, 백성들이 억울한 사정을 호소하도록 설치한 나무. 정사를 돌보는 이를 보내 백성의 소리를 귀담아 듣고 정치에 반영하였다)을 두어서 백성들의 사정을 들으니 안팎이 크게 기뻐하였다. ▷단군세기

번한의 왕 자오사가 죽으니 아들 산신이 즉위하였다. ▷태백일사 삼한관경본기 중 번한세가 상편

※ 즉위 12년 임인년

마한의 왕 막연이 죽으니 동생 아화가 즉위하였다. ▷태백일사 삼한관경 본기 중 마한세가 상편

※ 즉위 16년 병오년

동문 밖 10리 되는 육지에 연꽃이 나고 불함산에 누웠던 돌이 저절로 일어났다.

천하(天河)의 신기한 거북이가 등에 그림을 지고 나타났는데 그림이 윷판과 같았다.

발해 연안에 금덩어리가 노출되어 그 수량이 13섬이나 되었다.

※ 즉위 35년 을축년

처음으로 감성 (監星, 천문대. 별의 운행을 관측하여 일기와 자연재해 변화를 알아보는 기구) 을 설치하였다. ▷단군세기

※ 즉위 58년 무자년

번한의 왕 산신이 죽으니 아들 계전이 즉위하였다. ▷태백일사 삼한관경 본기 중 번한세가 상편

※ 즉위 59년 기축년

천왕이 세상을 뜨니 태자 도해가 왕위에 올랐다. ▷단군세기

환단고기 본문

11세 단군 도해

즉위 단기 442년(기원전 1891)
재위 57년

※ 즉위 1년 경인년

　천왕이 오가에게 명을 내려 열두 명산(名山)중에서 가장 뛰어난 곳을 골라 국선(國仙)의 소도를 설치하게 하였는데, 박달나무〔檀樹〕를 많이 둘러 심고 제일 큰 나무를 골라서 환웅상(桓雄像)을 삼아 제사 지냈으며 웅상(雄常)이라 이름하였다.

　국자사부(國子師傅) 유위자(有爲子)가 계책을 올리면서 말하였다.
　"제가 생각하기로는 우리 신시는 실로 환웅이 몸소 하늘을 열고 무리를 받아들여, 전계(佺戒)를 베풀면서 교화하였으며, 천경(天經)과 신고(神誥)를 지어 가르치셨습니다. 의관과 칼 차는 것을 아랫 백성들까지 즐겁게 본받았고, 죄를 범하는 일 없이 하나같이 잘 다스려져, 들에는 도둑이 없었으니 스스로 안심하게 되었습니다. 온 세상 사람들이 모두 다 병이 없어 저절로 오래 살고, 부족함이 없어 저절로 넉넉하며, 산에 올라 노래 부르고 달을 맞아 춤을 추었습니다. 먼 곳에서도 오지 않는 사람이 없고 홍겹지 않은 곳이 없어, 덕의 가르침이 만민에게 더해졌으니, 칭송하는 소리가 온 세상에 넘쳤기에 청하나이다." ▷단군세기

전에 유위자는 묘향산에 숨어 지냈는데 그 학문은 자부 선생에게서 나왔다. 지나다가 웅씨 임금을 만났는데 임금이 "나를 위하여 도를 말해 달라."라고 청하자 대답하였다.

"도(道)의 큰 근원은 삼신에게서 나왔으니 도는 이미 상대가 없는 것이며 무엇이라 이름할 수도 없습니다. 상대가 있으면 도가 아니며 이름할 것이 있으면 또한 도가 아닙니다. 도에는 항상한 도라는 것마저 없으니 때에 따르는 도라야 귀한 것입니다. 이름은 항상하는 이름이 없이 백성들을 편안하게 하는 것이라야 비로소 이름의 실다움이라 할 수 있습니다. 밖으로는 이보다 더 큰 것이 없고, 안으로는 이보다 작은 것이 없으니 도는 머금지 않은 것이 없습니다.

하늘의 기틀을 보니 내 마음의 기틀이요, 땅의 형상을 보니 내 몸의 형상이요, 사물의 주재하는 것을 보니 내 기(氣)의 주재함입니다. 이에 일(一)이 삼(三)을 머금고 삼(三)이 일(一)로 돌아가는 것입니다. 일(一)인 신이 내려와서 만물의 이치가 되니 곧 천(天)은 첫 번째[一]로서 생수(生水)의 도입니다. 성품을 통달한 광명이란 바로 남[生]의 이치이니, 지(地)는 두 번째[二]로서 생화(生火)의 도며, 세상에 있으면서 이치로써 교화하는 것은 마음의 이치이니 이에 인(人)은 세 번째[三]로서 생목(生木)의 도입니다.

대개 대시(大始)에 삼신(三神)이 삼계(三界)를 만들 때 수(水)로써 하늘

〔天〕을 나투고 화(火)로써 땅〔地〕을 나투고 목(木)으로써 사람〔人〕을 나투었으니, 나무가 땅에 뿌리를 박고 하늘을 향해 솟아 나오는 것은 또한 사람이 땅에 서서 나아가 능히 하늘을 대신하는 것과 같습니다." 하니 천왕이 옳은 말씀이라고 하였다. ▷태백일사 삼한관경본기 중 마한세가 상편

이때 단군 도해가 바야흐로 한결같은 마음으로 평등하게 개화(開化, 교화를 여는 것. 이때는 문명이 발달한 때이니 성현이 문명으로 인류를 복되고 이롭게 한 것 역시 교화의 일환이다) 하여 다스리기 위해, 명을 내려 대시전(大始殿)을 대성산(大聖山)에 세우고 대동강에 큰 다리를 만들었다. 삼홀(三忽, 삼한) 은 전(佺)을 위해 경당(扃堂)을 만들게 하고 일곱 번 신에게 제사지내는 의식을 정하였으며 삼륜구서의 교훈을 가르쳤다. 환(桓)의 도(道)로써 문명이 성행해서 나라 밖에까지 널리 전해져 하나라 왕 근(厪)이 사신을 보내어 방물을 바쳤다. ▷태백일사 삼한관경본기 중 마한세가 상편

겨울 10월에 명을 내려 대시전을 지었는데 매우 웅장하고 화려하였다. 천제 환웅의 유상(遺像)을 받들어 여기에 안치하였는데 머리 위에 광채가 번쩍여 마치 커다란 태양과 같았으니, 두렷한 광명이 있어 우주를 비추며 빛나듯, 단수 아래 환화(桓花) 위에 앉아 있었다. 일(一)인 참된 신령함이 두렷한 마음을 지녔으므로, 천부인을 표시하는 일(一)을 큰 원으로 그려서 누전에 세우고 이것을 거발환이라 하였으며, 3일을 계하고 7일을 강론하니 그 소문이 온 세상을 움직였다.

그 뜻을 표시하는 글에, "천(天)은 신묘한 고요함으로 그 도(道)를 크게 이루니, 널리 온전함이 그 일〔事〕이므로 일(一)의 참됨이다. 지(地)는 품고 기름으로써 그 도를 크게 이루니, 힘씀에 온전함이 그 일〔事〕이므로 일(一)의 행함이다. 인(人)은 지혜와 능력으로 그 도를 크게 이루니, 가려서 구분함에 온전함이 그 일〔事〕이므로 일(一)에 하나되는 것이다. 그리하여 일신(一神)이 성품을 통달한 광명으로 임하여, 세상을 이치로써 교화하고 인간을 널리 유익하게 하였다." 하고, 이를 돌에 새겼다.
▷단군세기

번한이 명을 받아 탕지산(湯池山)에 삼신단을 설치하고 관가를 옮기니 탕지는 옛 안덕향(安德鄕)이다. ▷태백일사 삼한관경본기 중 번한세가 상편

※ 즉위 28년 정사년
관아(官衙, 옛 관청)를 세워서 각 고장의 산물을 모아 진기한 것들을 보관하니, 천하의 백성들이 다투어 물건을 가져와 벌려 놓은 것이 산과 같았다. ▷단군세기

마한의 왕 아화가 죽으니 아들 사리가 즉위하였다. ▷태백일사 삼한관경본기 중 마한세가 상편

※ 즉위 38년 정묘년
백성들 중에서 장정들을 징발하여 모두 병사로 삼고 그 가운데 20명

을 가려 하나라 서울에 보내 처음으로 국훈(國訓)을 전하여 위엄을 보였다.

※ 즉위 46년 을해년
송화강가에 관청을 설치하니 배와 노의 기물이 세상에 널리 쓰여졌다.

3월에 산 남쪽에서 삼신에게 제를 지내니 술을 올리고 음식을 마련하고 사(詞)를 바치면서 술을 차려 놓고 신(神)에게 제사 지냈다. 이 날 밤에 특별히 술을 빚어 널리 내려서, 나라 사람들이 둘러앉아 마시면서 여러 가지 놀이를 보게 한 후에 끝냈다.

그리고 곧 누전(樓殿)에 올라 천부경을 논하고 삼일신고를 널리 폈으며 사방을 둘러보며 오가에게 이르기를 "이제부터는 죽이는 것을 금하고 살아있는 것은 놓아 주며 옥에서 죄수를 풀어 주고 거지에게 밥을 주며 아울러 사형을 면하게 하라." 하니 안팎이 이를 듣고 크게 기뻐하였다. ▷단군세기

※ 즉위 48년 정사년
번한의 왕 계전이 죽으니 아들 백전이 즉위하였다. ▷태백일사 삼한관경본기 중 번한세가 상편

※ 즉위 57년 병술년

천왕이 세상을 뜨자 만백성이 서럽게 통곡하면서 부모가 돌아가신 것처럼 3년 동안 상제가 되어 슬퍼했으니, 온 세상이 노래와 춤을 그쳤다.

우가 아한이 왕위에 올랐다. ▷단군세기

환단고기 본문

12세 단군 아한

즉위 단기 499년(기원전 1834)
재위 52년

※ 즉위 1년 정해년

※ 즉위 2년 무자년
여름 4월에 뿔 하나 달린 짐승이 송화강 북쪽 변방에 나타났다.

  가을 8월에 임금이 나라 안을 순수하다 요하(遼河) 왼쪽에 이르러 순수관경비(巡狩管境碑)를 세우고 역대 임금의 이름과 호를 새겨 전하였다. 이것이 금석문자(金石文字)로는 최초이니 뒤에 창해(滄海)의 역사(力士) *여홍성(黎洪星)이 이곳을 지나다가 시 한 수를 지어 읊었다.

  시골 마을은 변한(弁韓)이라 하는데
  특별히 수상한 돌이 있네
  철쭉은 붉건만 대(臺)는 거칠고
  글자는 파묻혀 이끼만 푸르구나

천지가 처음 열릴 때 생겨서
옛 때에 흥하고 망하기를 다했음을 전하니
문헌으로 다 고증할 수 없으나
이것이 단씨(檀氏)의 자취가 아니겠는가 ▷단군세기

◉ 즉위 9년 을미년
 번한의 왕 백전이 죽으니 가운데 동생 중전이 즉위하였다. ▷태백일사 삼한관경본기 중 번한세가 상편

◉ 즉위 29년 을묘년
 명을 내려 청아(菁莪)의 욕살 비신(丕信)과 서옥저의 욕살 고사침(高士琛)과 맥성의 욕살 돌개(突蓋)를 봉하여 열한(列汗, 여러 제후. 각 분봉국의 군주)으로 삼았다. ▷단군세기

 마한의 왕 사리가 죽으니 동생 아리가 즉위하였다. ▷태백일사 삼한관경본기 중 마한세가 상편

◉ 즉위 52년 무인년
 천왕이 세상을 뜨니 우가 흘달이 왕위에 올랐다. ▷단군세기

주 해

*여홍성(黎洪星)
 창해의 큰 장사. 망국의 한을 품었던 장량(張良)에게 동조하여 양무현 박랑 모래밭에서 120근 되는 쇠방망이로 진시왕(秦始王)을 공격하였으나 빗나가 부차(副車)를 부순 일이 있다.

 환단고기 본문

13세 단군 흘달(또는 대음달代音達이라고도 한다)

즉위 단기 551년(기원전 1782)
재위 61년

◎ 즉위 1년 기묘년 ▷단군세기

◎ 즉위 13년 신묘년
 번한의 왕 중전이 죽으니 아들 소전이 즉위하였다. ▷태백일사 삼한관경 본기 중 번한세가 상편

◎ 즉위 16년 갑오년
 주(州)와 현(縣)을 정했으며, 분직(分職)의 제도를 세워 관이 권력을 겸할 수 없게 해서 나라를 다스리는 일에 분수에 넘치는 일이 없었으니, 백성은 고향을 떠나는 일이 없이 스스로 일하는 곳에 안주하여 풍악에 어울려서 하는 노래가 나라 안에 넘쳐흘렀다. ▷단군세기

 *이 해 겨울에 은나라 사람이 하나라를 치자 하나라 왕 걸(桀, 제17대)이 구원을 청해 왔다. 천왕이 읍차(邑借, 가장 작은 지방의 군장) 말량(末良)

에게 구환의 군사를 이끌고 가서 전쟁을 도와 주도록 하였으나, 은나라 왕 탕(湯)이 사신을 보내 사죄하자, 곧 명을 내려 군사를 돌아오게 하였다.

걸이 이를 어겨 군사를 보내 길을 막아서 전쟁을 금하기로 한 맹세를 깨려 하자, 은나라 사람과 함께 걸을 쳤으니, 번한이 장수 치운(蚩雲)을 보내어 탕을 도와 걸을 치게 하였다. ▷단군세기, 태백일사 삼한관경본기 중 번한세가 상편

비밀리에 신지(臣智, 무관의 직명. 장수 중 가장 높다) 우량(于亮)을 보내어 견이(畎夷)의 군사를 거느리고 낙랑과 합세하여 나아가 관중(關中)의 빈(邠)·기(岐)의 땅을 점령하고 거기에 살면서 관제를 설치하게 하였다. ▷단군세기

※ 즉위 17년 을미년

묵태(默胎)를 보내어 탕의 즉위를 축하하였다. ▷태백일사 삼한관경본기 중 번한세가 상편

※ 즉위 20년 무술년

소도를 많이 설치하여 천지화(天指花)를 심고 아직 결혼을 하지 않은 자제들에게 독서와 활쏘기를 익히게 하였으며 이들을 국자랑(國子郎)이라 하였다. 국자랑이 나와 다닐 때에는 머리에 천지화를 꽂았으므로 그때 사람들은 이들을 천지화랑(天指花郎)이라고도 불렀다.

❋ 즉위 50년 무진년

다섯 별이 모여들고(다섯 개의 별이 일렬로 늘어서는 천체현상. 오성취루五星聚婁, 오성결집五星結集이라고도 한다) 황학(黃鶴)이 대궐 동산 소나무에 와서 깃들었다. ▷단군세기

❋ 즉위 56년 갑술년

번한의 왕 소전이 죽으니 아들 사엄이 즉위하였다.

사엄이 죽으니 동생 서한이 즉위하였다. (서한의 즉위 년도는 기록되어 있지 않으므로 이어서 함께 싣는다) ▷태백일사 삼한관경본기 중 번한세가 상편

❋ 즉위 61년 기묘년

천왕이 세상을 뜨니 만백성들이 먹지 않고 울음을 그치지 않았다. 이에 명을 내려 죄수와 포로를 석방하고 죽이는 것을 금하여 산 것은 놓아 보냈으며 그 해를 지나 장사지냈다.

우가의 고불이 왕위에 올랐다. ▷단군세기

주 해

*이 해 겨울에 은나라 사람이 ~ 탕을 도와 걸을 치게 하였다

　은나라 탕왕은 하나라 걸왕의 폭정에 반대하는 세력을 규합하고 이윤의 지략대로 걸왕과 단군조선의 반응을 살피고자 걸왕을 공격했다. 걸왕이 도움을 청하자 단군조선은 말량이라는 장수를 보내어 걸왕을 도왔으며 이에 은나라 탕왕이 곧 사죄하였다.
　이 내용을 중국 문헌을 통해 증명해 보겠다.

　　　은나라 탕왕이 하나라 걸왕을 치려 하자 이윤이 말하기를 "청하오니 걸왕에게 바치는 공물을 막고 그의 행동을 살피십시오"라고 하자 걸왕이 진노하여 구이의 군사를 일으켜 쳐들어왔다. 이윤이 말하기를 "아직 때가 아닙니다. 그들이 아직도 능히 구이의 군사를 일으킬 수 있다면 잘못이 우리에게 있는 것이 되기 때문입니다." 하였다. 이에 탕왕은 사죄하고 다시 공물을 바쳤다.
　　　湯欲伐桀 伊尹曰 請阻乏貢職 以觀其動 桀怒起九夷之師以伐之 伊尹曰 未可彼尙猶能起九夷之師 是罪在我也 湯乃謝罪請服 復入貢職 ▷중국 설원(說苑) 권모(權謀)편

　은나라 탕왕이 사죄하고 다시 공물을 바치기로 하자 단군조선은 은나라를 용서하고 군사를 거두었다. 그러나 하나라 걸왕이 전쟁을 일으키지 않겠다고 한 약속을 어기고 은나라를 치려 하자, 단군조선은 오히려 은나라

를 도와, 번한의 강역에 속한 낙랑의 군사와 중원의 서쪽에서 활동했던 견이의 군사를 이끌고 하나라를 멸하였다. 그리고 중원의 서쪽에 있던 섬서성의 빈·기 지역을 점령하고 관청을 설치했다.

견이는 중국『예기』「동이전」에 기록된 구이 중 하나이다.

이 내용을 중국 문헌을 통해 증명해 보겠다.

> 이듬해에 은나라 탕왕이 다시 공물을 끊자 하나라 걸왕이 노하여 다시 구이의 군사를 일으키려 하였다. 그러나 구이의 군사가 일어나지 않자, 이윤이 말하기를 "됐습니다." 하니 탕왕이 마침내 군사를 일으켜 쳐서 멸망시켰다. 이에 걸왕은 남소씨의 땅으로 도망하였다.
> 明年又不供貢職 桀怒起九夷之師 九夷之師不起 伊尹曰可矣 湯乃興師伐而殘之 遷桀南巢氏焉 ▷중국 설원

> 걸왕이 포악함을 일삼자 여러 동이들이 쳐들어왔다.
> 桀爲暴虐 諸夷內侵 ▷중국 후한서 동이전

> 걸왕이 어지럽자 견이가 빈·기 지역에 들어와 점거했다.
> 桀之亂 畎夷入居邠岐之間 ▷중국 후한서 서강전

여전히 단군조선의 실체와 역사를 숨기기 위해 단군조선을 구이·견이 등의 다른 이름으로 기록했으나, 위의 내용을 볼 때 역시 대륙을 지배한 단군조선에 의해 각 종족과 나라의 흥망이 결정되었던 것을 알 수 있다.

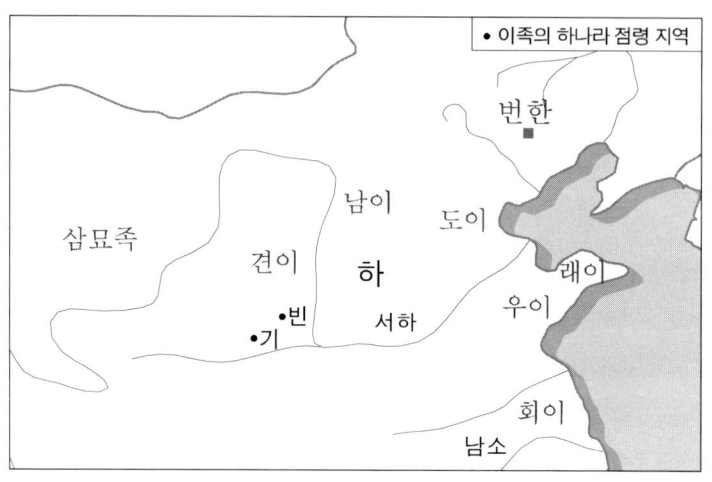

 환단고기 본문

14세 단군 고불

즉위 단기 612년(기원전 1721)
재위 60년

❋ 즉위 1년 경진년

❋ 즉위 6년 을유년
 크게 가뭄이 들자 천왕이 친히 하늘에 기도하여 비가 내리기를 빌면서 하늘에 맹세하여 고하였다.
 "하늘이 비록 크다 하나 백성이 없으면 어찌 베풀 것이며, 비가 비록 기름지다 하나 곡식이 없으면 어찌 귀하겠습니까. 백성들이 하늘처럼 여기는 것은 곡식이요, 하늘이 마음을 두는 것은 사람이니, 하늘과 사람이 한 몸인데 하늘이 어찌 백성을 버리려 하시나이까. 이에 비를 내리시고 곡식을 잘 익게 하시어 좋은 방향으로 가르쳐 인도하실 때가 되었습니다."
 말을 마치자 큰 비가 즉시 수천 리에 쏟아졌다. ▷단군세기

 마한의 왕 아리가 죽으니 아들 갈지가 즉위하였다. ▷태백일사 삼한관경

본기 중 마한세가 상편

※ 즉위 42년 신유년

9월에 마른 나무에서 싹이 나고, 다섯 가지 색의 큰 닭이 성 동쪽 자촌(子村)의 집에서 나니 본 사람들이 잘못 알고 봉황이라 하였다.

※ 즉위 56년 을해년

관원을 사방에 보내어 호구를 조사하였는데 계산하니 모두 1억 8천만 명이었다. ▷단군세기

※ 즉위 58년 정축년

번한의 왕 서한이 죽으니 아들 물가 즉위하였다. ▷태백일사 삼한관경본기 중 변한세가 상편

※ 즉위 60년 기묘년

천왕이 세상을 뜨니 대음이 왕위에 올랐다. ▷단군세기

환단고기 본문

15세 단군 대음(또는 후흘달後屹達이라고도 한다)

즉위 단기 672년(기원전 1661)
재위 51년

❋ 즉위 1년 경진년
　*은나라 왕 소갑(小甲, 제7대)이 사자를 보내와 화친을 구하였고, 이 해에 80에서 1의 세금을 받도록 제도를 개정하였다.

❋ 즉위 2년 신사년
　홍수가 크게 넘쳐 민가가 많은 해를 입자, 천왕이 몹시 불쌍히 여기고 걱정하여, 곡식을 창해(蒼海) 사수(蛇水)의 땅으로 옮겨 백성에게 골고루 나누어 주었다.

　겨울 10월에 양운·수밀이 두 나라 사람이 와서 방물을 바쳤다.

❋ 즉위 10년 기축년
　천왕이 서쪽 약수에 행차하여 신지(臣智) 우속(禹粟)에게 명을 내려 금과 철, 기름을 채취하게 하였다.

가을 7월에 우루(虞婁)사람 20가구가 와서 투항하니 명을 내려 염수(鹽水) 근처의 땅에 정착하도록 하였다.

❈ 즉위 28년 정미년
천왕이 태백산에 올라 비석을 세우고 열성(列聖, 성현인 역대 천왕들) 과 군한(群汗, 모든 제후국의 왕들) 의 공적을 새겼다. ▷단군세기

❈ 즉위 29년 무신년
마한의 왕 갈지가 죽으니 아들 을아가 즉위하였다.

❈ 즉위 30년 기유년
탐모라(耽牟羅) 사람이 말 30필을 바쳤다. ▷태백일사 삼한관경본기 중 마한세가 상편

❈ 즉위 40년 기미년
천왕이 아우 대심(代心)을 봉하여 *남선비(南鮮卑)의 *대인(大人)으로 삼았다.

❈ 즉위 51년 경오년
천왕이 세상을 뜨니 우가 위나가 왕위에 올랐다. ▷단군세기

주 해

*은나라 왕 소갑(小甲)이 사자를 보내와 화친을 구하였고

　은나라(기원전 1766~1122)는 시조인 설로부터 14대를 이어지다가 본격적인 국가 성립은 『사기』에서 보듯 하나라를 멸망시키고 즉위한 탕왕으로부터 비롯되었다. 따라서 탕임금을 1대로 마지막 주임금까지 28대 600여 년간을 존속하였다.

　섬서성 상현에서 일어났으며 박(亳), 효(囂), 상(相), 형(邢), 비(庇), 엄(奄), 은(殷), 조가(朝歌)의 순으로 도읍을 옮겼으니 이는 모두 현재의 하북성과 하남성 지역이다.

　은왕조가 본래 동이족이며 그 신화의 내용 또한 일치한다는 것은 이미 공인된 사실이다.

　13대 단군이 61년간, 14대 단군이 60년간, 15대 단군이 51년간 재위하는 동안 은나라 왕조는 2년~4년 만에 죽거나 바뀌어 7명의 왕이 섰다.

　은나라는 건국 초기에 재상 이윤에게 4대 태갑(太甲)이 유폐될 정도로 왕위 계승 문제가 심각하였으니 왕조가 얼마나 불안정했는가 짐작할 수 있다. 이것은 초기에 선대의 조상에 대한 공동 제사가 이루어지는 등 단군조선과 화친하던 은나라가 왕권 강화를 목적으로 단군조선과의 종속관계를 와해시키고 독자적인 노선을 걸어감으로써 주변 동이족과의 갈등을 빚었기 때문이다.

　따라서 이때 7대 소갑이 화친을 청한 것은 너무나 당연한 일이다.

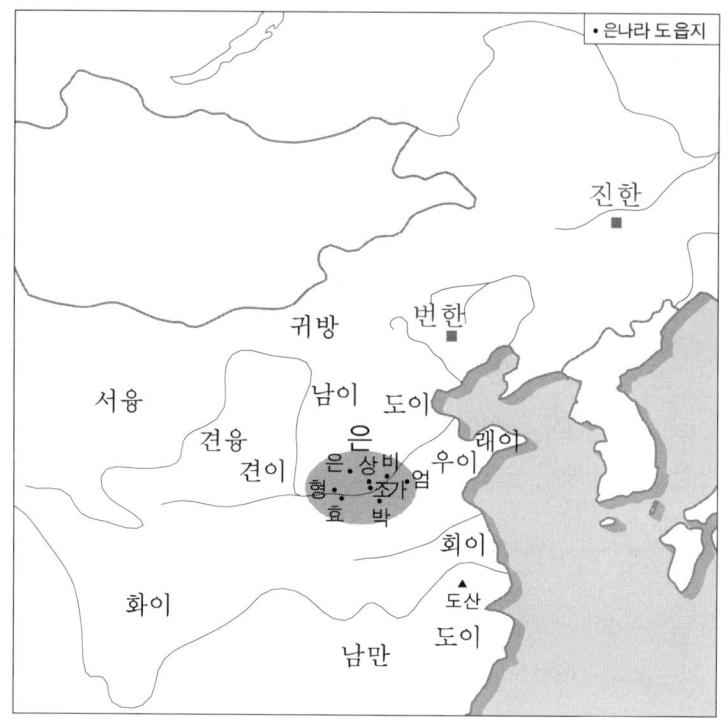

♣ 대륙을 장악한 이족과 은나라 도읍 변천

*남선비(南鮮卑)

선비는 고대 북아시아 유목민족의 하나로 그 종족들이 선비산에 주거한 까닭에 생긴 이름이다. 후한서의 기록을 살펴보면 선비는 오환과 함께 동호의 자손으로 전국 시대 몽고 지방에 번영한 것으로 기록되어 있다.

선비족은 동호 즉 본래 마한에 속한 무리로서 지금의 요수와 흥안령 일대에 살았다.

중국 학자인 임혜상도 자신의 저서인 『중국민족사』에서 진나라 이전에는 동호를 북융과 산융으로 불렀다 하였으니 산융이 조선인 숙신이었다는 것은 총론에서 밝혔다. 즉 동호는 동이와 같은 뜻으로 단군조선을 비하시킨 이름이다. 기원전 3세기 초 선비족은 동이를 구성하는 한 부족으로서 동호가 흉노에게 멸망되었을 때 (기원전 206) 흉노에 복속되었다.

*대인(大人)
대인이란 본래 환웅과 같은 성현을 일컫는 것이었으나 시대가 감에 따라 제정일치의 족장 개념으로 바뀌어갔다. 단군조선의 대인이란 작은 부족이나 소국, 읍락 등을 다스리는 우두머리를 가리키는 이름이다.

   읍루는 옛 숙신족이다. 용맹하고 힘센 사람이 많으며 큰 군장이 없고 읍락에는 각기 대인이 있다.
   挹婁古肅愼之國也 人多勇力 無大君長 邑落各有大人 ▷중국 후한서, 중국 삼국지 동이전

실제로 선비족은 뒷날 자립하여 그들의 군장을 대인이라 했다.

환단고기 본문

16세 단군 위나

즉위 단기 723년(기원전 1610)
재위 58년

※ 즉위 1년 신미년 ▷단군세기

※ 즉위 11년 신사년
번한의 왕 물가가 죽으니 아들 막진이 즉위하였다. ▷태백일사 삼한관경본기 중 번한세가 상편

※ 즉위 28년 무술년
구환의 모든 왕을 영고탑(寧古塔)에 모아 삼신상제에게 제사 지냈으니 환인·환웅·치우 및 단군 왕검을 함께 배향(配享, 종묘에 신주를 함께 모실 때 제사 지내는 것)하였는데, 닷새 동안 크게 잔치를 베풀고 무리들은 더불어 밝은 등불로 밤을 밝혔으며 경을 외우면서 뜰을 밟았다.
한편에서는 횃불을 줄지어 세우고, 한편에서는 돌면서 춤을 추며 애환가(愛桓歌)를 함께 불렀으니, 애환이란 곧 옛 신가(神歌)의 류이다. 선인들은 환화(桓花)를 가리켜 이름은 부르지 않고 그냥 꽃이라 하였다.

애환의 노래에 말하였다.

산에는 꽃이 있네
산에는 꽃이 있네
지난해에 만 그루를 심었고
금년에도 만 그루를 심었네
봄이 불함에 오면
꽃은 만발하여 붉고
천신을 섬겨 태평을 즐기리 ▷단군세기

※ 즉위 57년 정묘년
*이 해에 은나라 왕 태무(太戊, 제9대)가 와서 방물을 바쳤다.

번한의 왕 막진이 죽으니 아들 진단이 즉위하였다. ▷태백일사 삼한관경
본기 중 번한세가 상편

※ 즉위 58년 무진년
천왕이 세상을 뜨니 태자 여을이 왕위에 올랐다. ▷단군세기

주 해

*이 해에 은나라 왕 태무(太戊)가 와서 방물을 바쳤다.

앞에서 말한 바와 같이 은왕조는 초기의 극도로 불안정한 정세로 인해 7대 소갑에 이르러 단군조선에 화친을 청하였고, 그 이후로 정국이 안정되었다. 그리하여 8대 옹기(雍己)를 지나 은나라의 중흥조로 불리는 9대 태무에 이르는데 태무는 정치를 바르게 하여 중종(中宗)이라 하였다.

『해동역사』와 『죽서기년』에도 태무 61년에 동쪽 구이가 손님으로 왔다는 기록이 있다.

환단고기 본문

17세 단군 여을

즉위 단기 781년(기원전 1552)
재위 68년

※ 즉위 1년 기사년 ▷단군세기

※ 즉위 3년 신미년
마한의 왕 을아가 죽으니 아들 두막해가 즉위하였다.

※ 즉위 4년 임신년
3월 16일에 마한의 두막해가 친히 마니산에 행차하여 참성단에서 삼신에게 제사 지냈으니 *은나라 왕 외임(外壬, 제11대)이 사신을 보내어 제를 도왔다. ▷태백일사 삼한관경본기 중 마한세가 상편

※ 즉위 35년 계유년
번한의 왕 진단이 죽으니 아들 감정이 즉위하였다.
감정이 죽으니 아들 소밀이 즉위하였다.
소밀이 죽으니 아들 사두막이 즉위하였다.

사두막이 죽으니 계부 갑비가 즉위하였다. (소밀, 사두막, 갑비의 즉위 년도는 기록되어 있지 않으므로 이어서 함께 싣는다) ▷태백일사 삼한관경본기 중 번한세가 상편

※ 즉위 52년 경신년

천왕이 오가와 함께 나라 안을 두루 돌며 살피다가 개사성(蓋斯城) 경계에 이르렀는데, 푸른 도포를 입은 노인이 하례하며 말하였다.

"선인(仙人)의 나라에 오래도록 살면서 선인의 백성이 되어 안락하였으니, 임금께서 덕을 잃지 않아서 왕도에 편벽됨이 없으면, 백성과 이웃은 근심과 괴로움이 없을 것이며, 책화(責禍)를 믿음으로써 하시고 관경을 은혜로이 하시면, 성이나 나라에서 전쟁하여 치는 일이 없을 것입니다."

이에 천왕이 말하였다.

"그렇노라. 그렇노라. 짐이 덕을 닦은 지 오래되지 않아서 백성들의 인망(人望)과 기대에 보답하지 못할까 두렵다."

※ 즉위 68년 병자년

천왕이 세상을 뜨니 태자 동엄이 왕위에 올랐다. ▷단군세기

주해

*은나라 왕 외임(外壬)

본문에 하(夏)라고 되어 있으나 이는 시대에 맞지 않을 뿐더러 외임은 은나라의 왕이다. 따라서 이는 '은'의 오기로 보인다.

환단고기 본문

18세 단군 동엄

즉위 단기 849년(기원전 1484)
재위 49년

● 즉위 1년 정축년 ▷단군세기

● 즉위 13년 기축년
　마한의 왕 두막해가 죽으니 아들 독로가 즉위하였다. ▷태백일사 삼한관경본기 중 마한세가 상편

● 즉위 17년 계사년
　3월에 *은나라가 조공을 바치지 않자, 가서 북박(北亳, 은나라 도읍)을 치니 왕 하단갑(河亶甲, 제12대)이 곧 사죄하였다. ▷태백일사 삼한관경본기 중 번한세가 상편

● 즉위 20년 병신년
　지백특 사람이 와서 방물을 바쳤다. ▷단군세기

◈ 즉위 44년 경신년

번한의 왕 갑비가 죽으니 아들 오립루가 즉위하였다.

오립루가 죽으니 아들 서시가 즉위하였다. (서시의 즉위 년도는 기록되어 있지 않으므로 이어서 함께 싣는다) ▷태백일사 삼한관경본기 중 번한세가 상편

◈ 즉위 49년 을축년

천왕이 세상을 뜨니 태자 구모소가 왕위에 올랐다. ▷단군세기

주 해

*은나라가 조공을 바치지 않자, ~ 왕 하단갑(河亶甲)이 곧 사죄하였다

은나라는 중정 이후 정치가 문란하여 왕과 여러 아우들이 서로 싸워 나라가 어지럽고 단군조선에 조공을 바치지 않아 주위 이족의 침입을 받거나 왕위 계승을 둘러싼 분쟁이 계속되었다.

태무의 아들 10대 중정 (仲丁, 또는 中丁) 은 어질지 못하여 구이 중 남이의 침입을 받아 도읍을 하남성 효(囂)로 옮겼다. 11대 외임(外壬)을 지나 12대 하단갑 때에 역시 현재의 하북성 팽덕인 상(相)으로 도읍을 옮겼으니 『중국 5,000년』을 저술한 재일 중국인 사학자 진순신(陳舜臣)이 말하기를 "은나라는 10대 중정으로부터 19대 반경(盤京)에 이르기까지 다섯 번이나 도읍을 옮겼으며 처음 옮긴 것이 10대 중정 때의 효, 곧 현재의 하남성 정주시 부근이다. 이곳으로 천도한 중정은 어째서 도읍을 옮겼을까. 정국이 불안정했기 때문이다."라고 하였다.

10대 중정 이후 300여 년간 단군조선과의 공방전이 계속되었고, 은나라의 중흥조로 기록되고 있는 22대 무정왕 시대에는 수 차례에 걸쳐 주위 이족들을 공격하여 우이 지역인 산동성 일부를 탈취하기까지 하였다. 그러나 단군조선에 대해 독자노선을 걸으며 왕권을 강화시키려 했던 은왕조의 행보는 결국 오히려 그 왕권을 약화시키며 왕조 자체의 붕괴를 초래하였다.

 환단고기 본문

19세 단군 구모소

          즉위 단기 898년(기원전 1435)
          재위 55년

❂ 즉위 1년 병인년

❂ 즉위 24년 기축년

 남상(南裳, 남장南掌의 오기誤記로 짐작된다. 지금의 운남성 변두리에 있던 섬라국 暹羅國을 말한다) 사람이 조정에 들어왔다. ▷단군세기

❂ 즉위 43년 무신년

 번한의 왕 서시가 죽으니 아들 안시가 즉위하였다. ▷태백일사 삼한관경 본기 중 번한세가 상편

❂ 즉위 54년 을미년

 지리숙(支離叔)이 주천력(周天曆, 별 등이 그 궤도를 일주하는 것이 주천이니 별들의 궤도를 관측하여 만든 책력이다)과 『팔괘상중론(八卦相重論)』(팔괘가 중첩되었을 때의 변화를 해설한 책)을 지었다.

※ 즉위 55년 경신년

천왕이 세상을 뜨니, 우가 고홀이 왕위에 올랐다. ▷단군세기

환단고기 본문

20세 단군 고홀

즉위 단기 953년(기원전 1380)
재위 43년

● 즉위 1년 신유년 ▷단군세기

● 즉위 10년 경오년
마한의 왕 독로가 죽으니 아들 아루가 즉위하였다. ▷태백일사 삼한관경본기 중 마한세가 상편

● 즉위 11년 신미년
가을에 흰 태양이 무지개를 뚫었다. ▷단군세기

● 즉위 29년 기축년
번한의 왕 안시가 죽으니 아들 해모라가 즉위하였다. ▷태백일사 삼한관경본기 중 번한세가 상편

● 즉위 36년 병신년

영고탑을 고쳐 쌓고 이궁(離宮)을 지었다.

❊ 즉위 40년 경자년

공공 (共工, 모든 장인의 일을 맡았던 관직) 의 공홀이 구환의 지도를 만들어 바쳤다.

❊ 즉위 43년 계묘년

사해가 편안하지 못하였으며 천왕이 세상을 뜨니 태자 소태가 왕위에 올랐다. ▷단군세기

 환단고기 본문

21세 단군 소태

즉위 단기 996년(기원전 1337)
재위 52년

※ 즉위 1년 갑진년

은나라 왕 소을(小乙, 제22대)이 사신을 보내어 공물을 바쳤다. ▷단군세기

※ 즉위 5년 무신년

우사 소정(小丁)으로 하여금 번한에 부임하도록 임명하였으니, 고등이 여러 번 천왕에게 나아가 그의 지혜와 계책이 무리에서 뛰어나다 권함으로써 부임하여 맡게 한 것이다.

이때에 은나라 왕 무정(武丁, 제23대)이 군사를 일으키려고 하자, 고등(高登)이 이를 듣고 마침내 상장(上將) 서여(西余)와 함께 이를 뒤쫓아 쳐부수고, 색도(索度)에 이르러 군사를 풀어서 불지르고 약탈하여 돌아왔다. 서여는 북박을 습격해 쳐부수고 군사를 탕지산에 주둔시키고 있다가, 자객을 보내어 소정(小丁)을 죽이고 함께 무기를 실어서 돌아왔다. ▷태백일사 삼한관경본기 중 번한세가 상편

❋ 즉위 14년 무오년

마한의 왕 아루가 죽으니 동생 아라사가 즉위하였다. ▷태백일사 삼한관경본기 중 마한세가 상편

❋ 즉위 47년 경인년

은나라 왕 무정이 이미 귀방(鬼方, 은나라 주변에 있었던 소국의 이름)을 이기고, 또 대군을 이끌어 색도(索度)·영지(令支) 등의 나라를 침공하다가, 우리에게 크게 패하여 화친을 청하고 공물을 보내 왔다.

❋ 즉위 49년 임진년

개사원(蓋斯原)의 욕살 고등이 은밀히 군사로 귀방을 습격하고 이를 멸하니, 일군(一群)·양운(養雲) 두 나라가 사신을 보내어 조공하였다.
이에 고등이 많은 군사들과 손을 잡아 서북쪽 땅을 공략하여 통치하였고, 세력이 강성해지자 사람을 보내어 우현왕(右賢王, 몽고나 흉노의 관제로서 오가를 보좌하는 관직. 제후)이 되기를 청했다. 천왕은 이를 꺼려 허락하지 않다가 여러 번 청하므로 마침내 허락하여 이름을 두막루(豆莫婁)라 하였다. ▷단군세기
이 해에 고등이 반란을 일으켜 개성(開城)을 점거하고 천왕의 명령을 거역하자, 마한(마한의 왕)이 군사를 일으켜 토벌하고 홍석령(紅石嶺) 경계에 이르렀으나, 천왕이 고등에게 우현왕이 되는 것을 허락했다는 소식을 듣고 이에 그만두었다. ▷태백일사 삼한관경본기 중 마한세가 상편

※ 즉위 52년 을미년

우현왕 고등이 죽으니, 그 손자 색불루가 우현왕이 되었다.

천왕이 나라 안을 순수하다가 남쪽 해성(海城)에 이르러 부로(父老, 마을의 연로자) 들을 크게 모이게 하였으며, 하늘에 제사 지내고 노래하며 춤을 추었다. 곧 이어 오가를 불러서 그들과 왕위를 물려주는 일을 의논하고, "직책을 다하기엔 늙고 피로하다."라고 스스로 말하면서, 정사를 서우여에게 맡기려 하였다. 천왕이 해성에서 욕살 서우여에게 왕위를 물려주려 할 때, 마한(마한의 왕)이 이를 옳지 않다고 말렸으나 허락하지 않았다.

이에 살수 100리를 묶어서 그를 봉하여 섭주(攝主)로 삼고 호를 내려 기수(奇首)라고 하였는데, 우현왕이 이를 듣고 사람을 보내어 천왕에게 그만두도록 권하였으나 천왕이 끝내 듣지 않았다.

이에 우현왕이 좌우 신하와 사냥족 수천을 거느리고 드디어 부여의 신궁(新宮)에서 즉위하였으니, 마한이 군사를 정비하여 친히 이끌고 해성에 나아가 싸웠으나 패하여 돌아오지 않았다. ▷단군세기, 태백일사 삼한관경본기 중 마한세가 상편

천왕이 할 수 없이 옥책(玉冊)과 국보(國寶)를 전하고 서우여를 폐하여 평민이 되게 했다.

천왕이 아사달에서 자취를 감추어 마치게 되니, 이 해에 백이(伯夷)·숙제(叔齊)도 또한 고죽군(孤竹君)의 자손으로 나라를 양보하고 떠나, 동해 가에 살면서 힘써 농사지어 자급하였다. ▷단군세기

단군 색불루가 아버지의 공을 계승하여 중요한 병권을 장악하자 진한이 저절로 무너지고 두 한〔二韓, 마한·변한〕또한 한 번도 이기지 못하고 멸망하고 말았다.

　전의 천왕이 사람을 시켜 옥책과 국보를 전하고 넘겨 주자 새로운 천왕이 백악산(白岳山)을 도읍으로 택하였는데, 여러 욕살들이 안 된다고 고집하다가, 여원홍과 개천령(蓋天齡) 등이 천왕의 명을 받들어 이들을 타이르자, 이에 여러 욕살들이 모두 복종하였다. ▷태백일사 삼한관경본기 중 마한세가 하편

환단고기 본문

22세 단군 색불루

즉위 단기 1048년(기원전 1285)
재위 48년

● 즉위 1년 병신년

정월에 드디어 녹산(鹿山)에서 왕위에 올랐으니 여기를 백악산 아사달이라 하였다. 3월에 조서를 내려 말하였다.

"전날 아사달에서 사람을 보내 옥책과 국보를 전해 주었다. 전 천왕에게 지금 국호를 이어받았으니 오직 소중히 여겨야 할 것이다. 나라 안의 산천은 이미 명장(名帳)으로 돌아갔다. 제천(祭天)의 예는 마땅히 나라의 법에 있어 함부로 해서는 안 될 것이며, 반드시 옛 행적을 따라야 할 것이니, 성 (誠, 성은 참전계경에서 성품에 물이 들까 수호하는 것이라 했다) 과 경 (敬, 경은 참전계경에서 지극한 마음을 다하는 것이라 했다) 을 통달함으로써 지금 마땅히 제사를 받들되, 앞에 나아가 가리고 삼가면서, 신령스러운 지역을 살펴 깨끗이 하고, 정결하게 재물을 준비하여 삼신에게 보답해야 할 것이다."

천왕이 7일을 택하여 삼가면서 향과 축원을 여원흥에게 주었으며 16일에 이르러서는 이른 아침 삼한의 대백두산 천단에서 공손히 제사를 행하고 천왕이 친히 백악산 아사달에서 제사 지냈다. 그 백두산 서고문(誓告文)에 말하였다.

"소자(小子) 단군 색불루는 손 모아 머리 숙여 절합니다. 천왕의 아들로서 먼저 몸소 닦아 백성에게 영향을 미치고자 스스로 경건하게 하늘에 제사 드립니다. 황상(皇上)이 삼신의 밝은 명령을 받아 넓은 은혜와 큰 덕이 이미 삼한 오만 리 관경에 베풀어져 인간이 널리 유익하게 됨을 함께 누렸기에, 마한에 여원흥을 보내어 삼신일체 상제의 단에 극진히 제사 드립니다.

신은 밝고도 밝은 본래의 성품〔體〕이시니 천지만물도 여읨이 없습니다. 맑고 깨끗한 재물로 정성들여 바치오니, 내리시어 받으시고 말없이 도우시어, 새로운 천왕이 나라의 근본을 세우고 천하를 다스리는 것을 반드시 크게 빛내 주소서.

세세토록 삼한이 보전되어 천만 년 무궁하게 왕업을 누리게 하시고, 해마다 곡식이 잘 익어 풍년이 들게 하시어, 나라가 부유해지고 백성이 번성하게 하소서. 바라건대 자신을 밝혀 성제(聖帝)가 스스로 비우고 만물이 보존되기를 지극히 염원하나이다." ▷태백일사 삼한관경본기 중 마한세가 하편

단군 색불루가 처음 삼한을 병합하여 나라의 제도를 크게 고치니 은나라 왕 무정(武丁)이 사신을 보내와 조공할 것을 약속하였다. 이보다 앞서 서우여를 폐하여 평민이 되게 하였는데 서우여는 몰래 좌원(坐原)으로 돌아가 사냥족 무리 수천과 군사를 일으킬 것을 계획하였다.

개천령이 이를 듣고 곧 치려하다가 패하여 진중(陳中)에서 죽었다. 천왕이 친히 삼군(三軍)을 거느리고 나아가 그를 치려다가, 먼저 사람을 보내 항복을 권하면서, 비왕(裨王)으로 봉할 것을 약속하고 듣도록 다시 타일렀으니, 이때에 서우여에게 명하여 번한을 다스리게 하였다. ▷
태백일사 삼한관경본기 중 번한세가 하편

 5월에 제도를 고쳐 삼한을 삼조선(三朝鮮)으로 하였으니 조선은 관할하는 지경을 말한 것이다. 진조선은 천왕이 몸소 다스렸고, 지경은 옛 진한 그대로였다. 나라를 다스리는 일은 천왕에 의해 삼한이 모두 하나로 통솔되어 명령을 따랐다. 마한을 다스리던 여원홍에게 명하여 막조선을 다스리게 하고, 번한을 다스리던 서우여로 하여금 번조선(番朝鮮)을 다스리게 하였다. 이것을 통틀어 단군의 관경이라 하였는데 이것이 곧 진국(辰國)이며 역사에서 말하는 단군조선이 이것이다.

 원홍이 이미 대명(大命)을 받아 대동강을 지키면서 이것을 왕검성이라 하였다. 천왕이 매년 2월 마한을 반드시 돌아보고 머물면서, 백성들을 위로하고 옳지 못한 것을 바로잡았다. 이에 적전(籍田, 임금이 몸소 밭을 갈아 보이면서 직접 농민을 두고 농사를 짓게 하여 거둔 곡식으로 제사를 지내던 제도)에 따라 거두어들이던 공물(供物, 적전제에 의해 농민들에게 거두어들이던 곡식)이 지나치게 많았던 폐단이 드디어 없어졌다.
 이에 앞서 조서에서 말하기를, "생각해보면 오직 짐 한 사람을 봉양하기 위해 백성들을 번거롭게 하면서 거두어들인다면, 곧 정치가 없다 할 것이니, 정치가 없다면 임금을 무엇에 쓰랴. 이를 없애도록 엄히 명하노라." 하였다. ▷태백일사 삼한관경본기 중 마한세가 하편

명을 내려 녹산(鹿山)을 고쳐 짓고 (수도인 녹산의 궁성을 고쳐 지은 것을 말한 것 같다) 관제를 고쳤다.

가을 9월에는 친히 장당경에 행차하여 사당을 세우고 고등왕에게 제사 지냈다.

11월에 친히 구환의 군사를 이끌고 여러 번 싸워 은나라 도읍을 쳐부수고, 이어 화친했다가, 또다시 크게 싸워 쳐부쉈다.

이듬해 2월에 추격하여 하상(河上)에 이르러서는 승전에 대한 하례를 받고 변(弁, 변한)의 백성들을 회·대의 땅으로 옮겨, 이들에게 가축을 기르고 농사짓게 하였으니 나라의 위엄을 크게 떨쳤다. ▷단군세기

※ 즉위 4년 기해년
진조선이 천왕의 칙문(勅文)을 전하기를, "너희 삼한 (삼한의 왕)은 위로 천신을 받들면서 모든 무리들을 가까이 하여 교화하라." 하였다. 이로부터 백성들에게 예의, 농사짓기, 누에치기, 베짜기, 활쏘기, 글쓰기를 가르치고 백성을 위해 팔조금법(八條禁法)을 만들었다.
사람을 죽인 자는 바로 죽임으로 갚고, 사람을 상하게 한 자는 곡식

으로 죄값을 치르며, 도둑질한 자는 남자는 그 집의 노예로 여자는 노비로 삼으며, 소도를 헌 자는 금고에 처하고, 예의를 잃은 자는 군대에 복무하게 하며, 부지런히 일하지 않는 자는 부역을 보내고, 요사스럽고 음탕한 짓을 하는 자는 태형에 처하며, 사기를 친 자는 훈방하였다.

그리하여 스스로 죄값을 치르고 비록 용서받아 공민(公民, 동등한 권리를 지닌 백성)이 되어도, 풍속이 오히려 이를 부끄러워하여 시집가거나 장가들지 못했다. 이렇게 행해지니 끝끝내 그로써 백성들이 서로 도둑질하지 않아 문을 잠그지 않고, 부인들은 음란하지 않아 정절을 믿을 수 있었다. 밭과 들과 도읍을 개척하고, 음식을 만들어 제사 지내는 데에 제기(祭器)를 썼으며, 어질고 양보하는 교화가 있었다. ▷태백일사 삼한관경본기 중 번한세가 하편

※ 즉위 6년 신축년

신지(臣智) 육우진(陸右秦)이 말하기를 "아사달은 천 년 동안 제업(帝業, 제왕이 그 나라를 통치하는 일) 할 땅은 틀림없으나, 대운(大運)이 이미 다했으며 영고탑은 왕기(王氣)가 짙고 두터워서 백악산보다 뛰어난 듯 합니다. 청하오니 성을 쌓고 옮기소서." 하였으나, 천왕은 허락하지 않고, "새 도읍에 이미 자리를 잡았으니 어찌 다시 다른 곳으로 가겠는가." 하였다. ▷단군세기

은나라 왕 무정(武丁)이 번한을 거쳐 천왕에게 글을 올리고 방물을 바쳤다. ▷태백일사 삼한관경본기 중 번한세가 하편

※ 즉위 20년 을묘년

*남국(藍國)이 매우 강성하자 고죽군과 함께 여러 적들을 쫓아내고 남쪽으로 옮겨 엄독홀(奄瀆忽)에서 살게 하였다.

그곳은 은나라 국경과 가까웠는데 여파달(黎巴達)에게 군사를 나누어 주면서 나아가 빈·기를 점거하도록 하였으며, 그 유민들과 서로 결합하여 나라를 세우고 여(黎)라 하였다.

서융(西戎)과 은나라 제후들 사이에 섞여 살고 있는 남씨(藍氏)의 위세가 매우 강성하여 천왕의 교화가 멀리 항산(恒山) 남쪽 지방까지 미쳤다.

※ 즉위 36년 신미년

변방의 장수 신독(申督)이 군사를 의지하고 난을 일으켜 천왕이 잠시 영고탑에 피하니 백성들이 많이 따라왔다.

※ 즉위 48년 계미년

천왕이 세상을 뜨니 태자 아홀이 왕위에 올랐다. ▷단군세기

주 해

*남국(藍國)이 매우 강성하자 ~ 나라를 세우고 여(黎)라 하였다

『사기』 등 중국의 사서들은 여국을 은나라의 제후국으로 기록하고 있으나 총론에서 확인한 바와 같이 은나라가 가장 강성했을 때의 강역조차 1천 리를 넘지 못했으니 여국은 단군조선이 은나라의 세력을 견제하기 위해 세운 나라이다.

당시 조선이 산서성에 세운 여국의 자취는 지금 여성(黎城)이라는 지명으로 남아있다. 중국 『사기』 「주본기(周本紀)」 정의편에서도 '여국은 곧 여성'이라 하였다.

단군조선이 여국을 세울 무렵 이 지역에는 주나라의 선조인 고공단보라는 이가 살고 있었다.

이를 사서의 기록을 통해 확인해 보자.

> 고공단보(古公亶父)가 살고 있었는데, 훈육(熏育)과 융적(戎狄)이 공격해 와 그에게 재물과 땅을 요구한 뒤 땅과 백성들을 차지하려 하였다. 이에 백성들은 융적에 맞서 싸우고자 하였으나 고공단보는 백성들을 희생시킬 수 없다 하고는 기산(岐山) 기슭으로 옮겨갔으니 백성들 역시 그를 따라 기산으로 모여들었다. ▷중국 사기

『사기』의 이러한 기록은 당시 단군조선인 구이의 군대가 연합하여 빈과 기 땅을 점령하고 산서성에 여국을 세운 일을 말하고 있으니 고공단보가

싸우지 않고 기산으로 옮겨간 것은 감히 대국의 군대를 상대할 힘이 없었기 때문이다.

무을이 포악하고 잔학하여 견융이 변방을 침략하였다.
武乙暴虐 犬戎寇邊 ▷중국 후한서

『후한서』의 기록은 은나라 왕 무을이 타락하자 강성한 동이들이 쳐들어와 섬서성의 빈·기 지역을 차지한 사실을 말하고 있다.

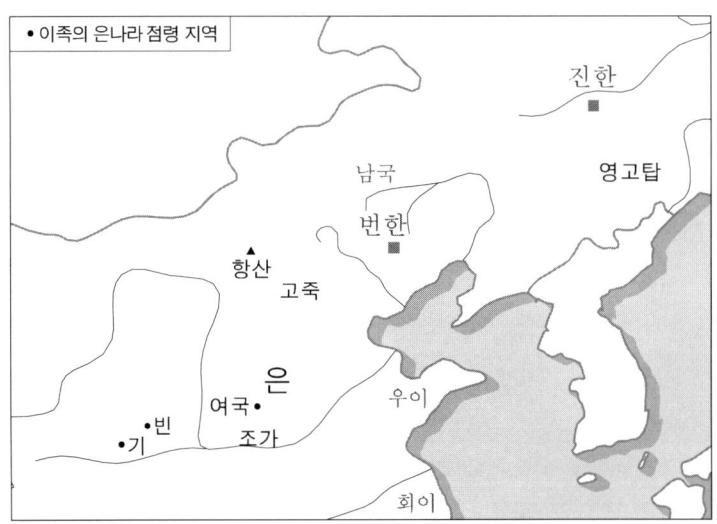

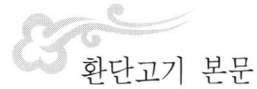
환단고기 본문

23세 단군 아홀

즉위 단기 1096년(기원전 1237)
재위 76년

🌸 즉위 1년 갑신년

　천왕이 숙부 고불가(固弗加)에게 명을 내려 낙랑홀(樂浪忽)을 다스리게 하였으며, 웅갈손(熊乫孫)을 보내어 남국의 임금과 함께 남쪽에 간 병사들을 살펴보고, 은나라 땅에 6읍을 두게 하였는데 은나라 사람들이 서로 다투면서 결정을 내리지 않자, 이에 군사를 진격시켜 쳐부쉈다.

　가을 7월에 신독을 베고 도읍으로 돌아와 명을 내려 포로를 석방하였다.

🌸 즉위 2년 을유년

　남국의 임금 금달(今達)이 청구의 임금, 구려의 임금과 함께 주개(周愷)에서 만나 몽고리(蒙古里)의 병력과 합세하여, 이르는 곳마다 은나라의 성책을 부수고, 오지까지 깊숙이 들어가 *회・대의 땅을 평정하였다. 포고씨(蒲古氏)를 엄(淹)에, 영고씨(盈古氏)를 서(徐)에, 방고씨(邦古氏)

를 회(淮)에 나누어 봉하였는데 은나라 사람들이 그 기세를 보고 두려워하고 겁내어 감히 가까이 오지 못하였다. ▷단군세기

◉ 즉위 5년 무자년

두 한(韓, 마한의 왕과 번한의 왕)과 오가를 불러 모아 영고탑으로 도읍을 옮기는 일을 정하고자 의논하였는데, 마한이 명령을 받들어 서울로 들어와서 영고탑으로 도읍을 옮기는 것은 옳지 않다고 직언하자 이를 따랐다. ▷단군세기, 태백일사 삼한관경본기 중 마한세가 하편

◉ 즉위 6년 기축년

마한의 왕 여원흥이 죽으니 아들 아실이 즉위하였다.

아실이 죽으니 동생 아도가 즉위하였다. (아도의 즉위 년도는 기록되어 있지 않으므로 이어서 함께 싣는다) ▷태백일사 삼한관경본기 중 마한세가 하편

◉ 즉위 14년 정유년

번한의 왕 서우여가 죽으니 아락이 즉위하였다.

◉ 즉위 54년 정축년

아락이 죽으니 솔귀가 즉위했다. ▷태백일사 삼한관경본기 중 번한세가 하편

◉ 즉위 76년 기해년

천왕이 세상을 뜨니 태자 연나가 왕위에 올랐다. ▷단군세기

주 해

*회・대의 땅을 평정하였다

　은나라 왕실이 쇠미해지자 여러 동이들이 모두 반란을 일으켰다.
　殷室中衰 諸夷皆叛 ▷중국 후한서 서강전

　무을이 쇠폐하자 동이가 점점 강성해져서 마침내 회・대 지역으로 나누어 옮겨와 점차 중원을 점거하였다.
　武乙衰弊 東夷寢盛 遂分遷淮垈 漸居中土 ▷중국 후한서 동이전

　또한 중국인 증선지의 『십팔사략(十八史略)』에서는 28대 무을(武乙)을 '무도(無道)한 천자'라 하였고 『사기』에서는 무을이 박(亳)에서 다시 하북성 지역으로 이동하고 하수, 위수 지역에서 싸우다가 벼락을 맞아 죽었다고 하였다.

　먼저 엄은 산동성 곡부 지역이며 뒷날 주 왕조가 성립된 이후 노나라의 중심지가 되었다. 서 지역은 지금의 안휘성 서주이며, 동이족인 서언왕이 주나라 때에 이곳에 서국을 세웠으니, 이 지역에 살던 동이족을 이로부터 서이라고 하였다. 이 서국은 춘추제국 때 연, 제, 노, 조 등의 나라가 되었다. 회 지역은 회수 일대이며 이 지역에 살던 동이족들을 회이라고 불렀

다. 이 회이들은 춘추·전국 시대에 오·월·초나라 등을 건립하였다.

이와 같은 사실은 현재 중국 역사 지도집에도 그대로 실려 있다.

중국 사서들은 산동성 일대의 동이족을 우이·내이·양이라고 하였으며, 이 지역은 춘추·전국 시대에 노나라와 제나라에 복속되었다.

> 진나라가 6국을 병합하자 회수와 사수 지역의 동이들은 모두 흩어져서 민호가 되었다.
> 秦幷六國 其淮泗夷皆散民戶 ▷중국 후한서 동이전

위의 기록은 진시황이 전국 시대에 6국을 통일하기 이전 회수와 사수 지역을 동이족이 점거하고 있었다는 것을 밝히고 있다.

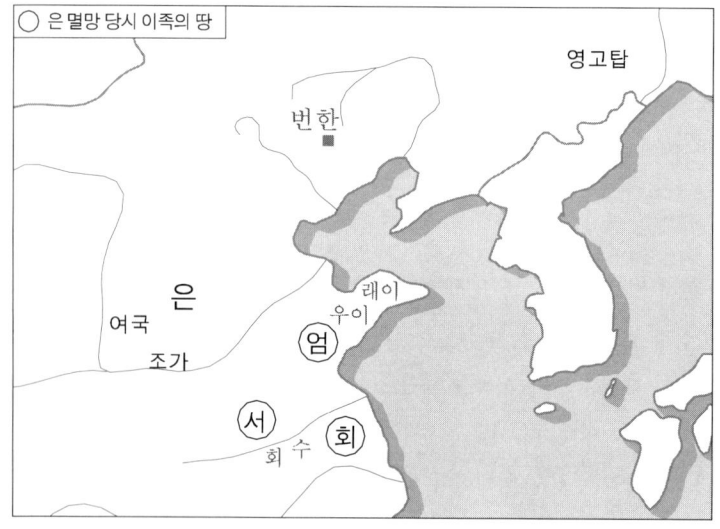

환단고기 본문

24세 단군 연나

즉위 단기 1172년(기원전 1161)
재위 11년

● 즉위 1년 경자년

천왕이 숙부 고불가에게 명을 내려 섭정하게 하였다.

● 즉위 2년 신축년

모든 제후들이 조서를 받들어 소도를 증설하고 하늘에 제사 지냈다. 나라에 큰 일이나 재앙이 있을 때마다 여기에서 기도하여 백성들의 뜻을 안정시키고 한결같게 하였다.

● 즉위 11년 경술년

천왕이 세상을 뜨니 태자 솔나가 왕위에 올랐다. ▷단군세기

 환단고기 본문

25세 단군 솔나

즉위 단기 1183년(기원전 1150)
재위 88년

◉ 즉위 1년 신해년 ▷단군세기

◉ 즉위 14년 갑자년
번한의 왕 솔귀가 죽으니 임나가 즉위하였다.

◉ 즉위 21년 신미년
(번한에) 천왕의 조서가 있어 동쪽 교외에 천단을 쌓고 삼신에게 제사 지냈는데 돌면서 춤추고 북을 치며 노래하였다.

정성으로 천단을 쌓고 삼신의 수(壽)를 비세
황운(皇運)을 축수(祝壽)함이여 만만세로다
만민을 날이 밝도록 돌아보시고 풍년을 즐거워하도다 ▷태백일사 삼한관경
본기 중 번한세가 하편

◈ 즉위 29년 기묘년
  *은나라가 멸망하였다.

◈ 즉위 31년 신사년
  아들 서여(胥餘)가 태행산(太行山) 서북쪽 땅에 피해 와서 살았는데, 막조선이 이를 듣고 여러 주군을 순행하여 살피면서 군사를 검열하고 돌아갔다. ▷태백일사 삼한관경본기 중 마한세가 하편

◈ 즉위 37년 정해년
  기자(箕子)가 서화(西華)로 옮겨와 살면서 인사(人事)를 사절하였다. ▷단군세기

◈ 즉위 46년 병신년
  번한의 왕 임나가 죽으니 동생 노단이 즉위하였다.

  북막(北漠)이 침입해 오자 노일소(路日邵)를 보내 토벌하고 평정하였다. ▷태백일사 삼한관경본기 중 번한세가 하편

◈ 즉위 47년 정유년
  천왕이 상소도(上蘇塗)에 있으면서 옛 예의를 강론하였는데, 간사한 신하와 곧은 신하의 차이에 대해 묻자, 삼랑 홍운성(洪雲性)이 나아가 대답하였다.

"이치를 지키며 굽히지 않는 자가 곧은 신하이고, 위엄을 두려워하여 굽히고 따라가는 자는 간사한 신하입니다. 임금은 근원이 되고 신하는 흐름이 되니, 근원이 이미 탁하면 흐름이 맑기를 바랄 수 없는 일입니다. 그러므로 임금이 성스러운 연후에야 신하가 곧은 것입니다."

천왕이 "옳다." 하였다.

즉위 59년 기유년

밭곡식이 풍년이 들어 한 줄기에 다섯 이삭의 좁쌀이 있었다. ▷단군세기

번한의 왕 노단이 죽으니 아들 마밀이 즉위하였다. ▷태백일사 삼한관경본기 중 번한세가 하편

즉위 60년 경술년

마한의 왕 아도가 죽으니 아들 아화지가 즉위하였다. ▷태백일사 삼한관경본기 중 마한세가 하편

즉위 77년 정묘년

번한의 왕 마밀이 죽으니 아들 모불이 즉위하였다.

즉위 85년 을해년

감성(監星)을 두었다. ▷태백일사 삼한관경본기 중 번한세가 하편

※ 즉위 88년 무인년

천왕이 세상을 뜨니 태자 추로가 왕위에 올랐다. ▷단군세기

주 해

*은나라가 멸망하였다

　은나라 마지막 왕인 주(紂)는 즉위한 지 8년 만에 산동 지방의 이족 우이와 래이를 침략하였고, 10년에는 회수 유역의 회이를 정벌하는 등 집권 후기까지 계속 단군조선의 여러 이족들을 공격하였으나 이는 자멸하는 결과를 초래하였다. 마침내 은나라는 단군조선의 지원을 받은 주나라에 의해 멸망하였다.

　　　은나라 왕 주는 동이를 이겼으나 죽음으로 치달았다.
　　　紂克東夷而殞其身 ▷중국 좌전

　　　주가 백 번 싸워 이겼으나 마침내 결과가 없었다.
　　　紂之百克而卒無後 ▷중국 좌전

　위의 기록으로 주왕이 끝까지 단군조선에 대항하였으나 이기지 못하고 패하였다는 것을 알 수 있다.

환단고기 본문

26세 단군 추로

즉위 단기 1271년(기원전 1062)
재위 65년

● 즉위 1년 기묘년
 가을 7월에 백악산 계곡에 흰 사슴 200마리가 떼를 지어 와서 놀았다. ▷단군세기

● 즉위 9년 정해년
 번한의 왕 모불이 죽으니 아들 을나가 즉위하였다.

● 즉위 16년 갑오년
 *주(周)나라 임금 하(瑕, 제4대)가 사신을 보내어 번한에 조공하였다.

● 즉위 49년 정묘년
 번한의 왕 을나가 죽으니 마휴가 즉위하였다.

● 즉위 51년 기사년

이극회(李克會)가 소련(少連)과 대련(大連)의 사당을 세우고 3년상을 정하여 행할 것을 청하니 이를 허락하였다.

번한의 왕 마휴가 죽으니 동생 등나가 즉위하였다. ▷태백일사 삼한관경본기 중 번한세가 하편

※ 즉위 65년 계미년
천왕이 세상을 뜨니 태자 두밀이 왕위에 올랐다. ▷단군세기

주 해

*주(周)나라(기원전 1122~221)

　주나라 무왕이 은나라를 멸망시키고 정벌한 지역은 은나라의 마지막 도읍지였던 조가(朝歌)까지였다. 주 무왕은 단군조선의 도움을 받아 은나라를 멸망시켰으나, 건국 초기부터 단군조선을 배반하고 여러 이족들을 침략하였다. 그리고 이족의 세력이 강하여 은나라의 강역을 혼자 통치하기 어려워지자, 공신과 친족들을 여러 지역에 제후로 봉하였다. 하지만 이것은 해결책이 못 되었으니, 도리어 그로 해서 각 지역에서 소요가 일어났다. 즉 주나라가 각지에 제후들을 봉하면서부터, 동이족들과의 직접적인 충돌이 시작되었다.

　주나라 건국의 일등공신인 동이족 출신의 강태공 여상을 산동성 영구(營丘)에 봉하고 제나라라고 하였으며, 자신의 동생인 백금(伯禽)을 산동성 곡부(曲阜)에 봉하고 노나라라고 하였다.

　그 후 주나라의 국력은 날로 쇠약해졌으며 반면 여러 제후국들은 날로 강성해졌다.

　12대 유왕 때에 이르러 서쪽에 있던 견융이 침입하여, 주나라의 도읍인 호경까지 함락시켰으니, 이로부터 모든 제후국들은 각각 소국 형태로 분립하였다.

　기원전 8세기 13대 평왕 때에 도읍을 호경에서 동쪽인 낙읍(낙양)으로 옮겼는데, 주나라 왕실은 명목상으로만 존재할 뿐 모든 권력은 제후들의 손으로 넘어갔으며, 제후국들은 각기 무력으로 서로를 자주 침략하면서 유력한 제후들이 번갈아 패자의 지위를 차지하게 되었다.

주나라가 호경에 도읍하고 있을 때를 서주라 하고, 낙읍으로 천도한 기원전 770년 이후를 동주라 한다.

동주는 다시 춘추 시대 (기원전 770~403) 와 전국 시대 (기원전 403~221) 로 나뉘어진다.

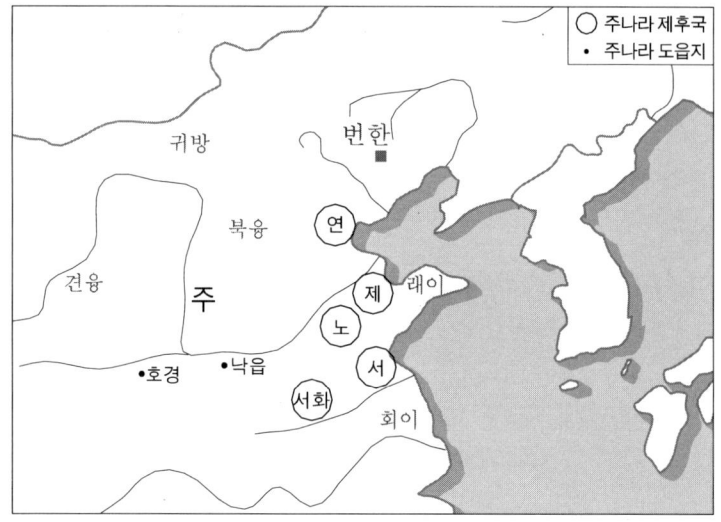

♣ 초기 주나라의 제후국 성립과 도읍 변천

환단고기 본문

27세 단군 두밀

즉위 단기 1336년(기원전 997)
재위 26년

● 즉위 1년 갑신년
천해(天海)의 물이 넘치고 사아란산(斯阿蘭山)이 무너졌다.

수밀이국과 양운국·구다천국이 모두 사신을 보내어 방물을 바쳤다.
▷단군세기

● 즉위 3년 병술년
마한의 왕 아화지가 죽으니 동생 아사지가 즉위하였다. ▷태백일사 삼한관경본기 중 마한세가 하편

● 즉위 8년 신묘년
큰 가뭄 끝에 큰 비가 쏟아져 내려 백성들에게 수확이 없자, 천왕이 명을 내려 창고를 열어 두루 나누어 주도록 명하였다. ▷단군세기

❋ 즉위 15년 무술년

번한의 왕 등나가 죽으니 아들 해수가 즉위하였다.

❋ 즉위 19년 임인년

번한 해수가 아들 물한을 보내어 구월산에 가서 삼성묘(三聖廟)에 제사 지내는 것을 돕게 하였는데, 사당은 상춘의 주가성자(朱家城子)에 있다. ▷태백일사 삼한관경본기 중 번한세가 하편

❋ 즉위 26년 기유년

천왕이 세상을 뜨니 해모가 왕위에 올랐다. ▷단군세기

 환단고기 본문

28세 단군 해모

즉위 단기 1362년(기원전 971)
재위 28년

※ 즉위 1년 경술년
천왕이 병이 있어 백의동자(白衣童子)에게 하늘에 기도하도록 하자 이윽고 병이 나았다. ▷단군세기

※ 즉위 6년 기묘년
번한의 왕 해수가 죽으니 아들 오문루가 즉위하였다. ▷태백일사 삼한관경본기 중 번한세가 하편

※ 즉위 11년 경신년
여름 4월에 회오리바람이 크게 일고 폭우가 쏟아져 내리더니 육지에 고기들이 어지러이 떨어졌다.

※ 즉위 18년 정묘년
빙해(氷海)의 여러 제후들이 사신을 보내어 공물을 바쳤다. ▷단군세기

번한의 왕 오문루가 죽으니 아들 누사가 즉위하였다. ▷태백일사 삼한관
경본기 중 번한세가 하편

❋ 즉위 28년 정축년
천왕이 세상을 뜨니 마휴가 왕위에 올랐다. ▷단군세기

환단고기 본문

29세 단군 마휴

즉위 단기 1390년(기원전 943)
재위 34년

◈ 즉위 1년 무인년
주나라 사람이 공물을 바쳤다. ▷단군세기

누사(번한 42세)가 천조(天祖, 군현의 관청이 있는 곳인 도정都亭을 높여 이르는 말)에 들어와 뵈었다. ▷태백일사 삼한관경본기 중 번한세가 하편

◈ 즉위 8년 을유년
여름에 지진이 있었다.

◈ 즉위 9년 병술년
남해의 조수가 석 자나 물러갔다. ▷단군세기

◈ 즉위 10년 정해년
마한의 왕 아사지가 죽으니 형의 아들인 아리손이 즉위하였다.

단군조선 189

아리손이 죽으니 아들 소이가 즉위하였다. (소이의 즉위 년도는 기록되어 있지 않으므로 이어서 함께 싣는다) ▷태백일사 삼한관경본기 중 마한세가 하편

※ 즉위 18년 을미년

번한의 왕 누사가 죽으니 아들 이벌이 즉위하였다.

※ 즉위 19년 병신년

한수(漢水)사람 왕문(王文)이 이두법(吏讀法)을 만들어 바치니, 천왕이 이를 가상히 여기고, 삼한에 명하여 조칙 (詔勅, 명령문서의 일종으로 임금이 긴요한 정사를 신하와 백성에게 포고하는 문서. 조서와 같다) 을 따라 시행하게 하였다. ▷태백일사 삼한관경본기 중 번한세가 하편

※ 즉위 34년 신해년

천왕이 세상을 뜨니 태자 내휴가 왕위에 올랐다. ▷단군세기

환단고기 본문

30세 단군 내휴

즉위 단기 1424년(기원전 909)
재위 35년

❋ 즉위 1년 임자년

남쪽으로 순수하면서 청구의 정치를 보고 치우 천왕의 공을 돌에 새겼다.

서쪽의 엄독홀에 이르러 분조의 여러 제후들과 모여, 병사를 사열하고 하늘에 제사 지냈으며, 주나라 사람과 수호(修好)하였다.

❋ 즉위 5년 병진년

흉노가 조공을 바쳤다. ▷단군세기

❋ 즉위 8년 기미년

번한(번한의 왕)이 상장(上將) 고력합(高力合)을 보내어 회군(淮軍)과 함께 주나라를 패하게 하였다.

❋ 즉위 10년 신유년

번한의 왕 이벌이 죽으니 아들 아륵이 즉위하였다.

◉ 즉위 15년 병인년
주나라의 이공(二公)이 사신을 보내어 방물을 바쳤다.

◉ 즉위 27년 무인년
*태자 등올(登兀)과 소자(少子) 등리(登里)와 함께 별궁에서 한가로이 살면서 노래를 지었다. 그 노래에 말하였다.

형은 반드시 아우를 사랑하고
아우는 마땅히 형을 공경할지니라
항상 조그만 일로
골육의 정을 상하지 말도록 하라
말도 한 통에서 먹고
기러기도 또한 한 줄을 지어 가나니
안방에서 비록 즐거울지라도
아내가 작은 목소리로 이간하는 말은 삼가고 듣지 말라 ▷태백일사 삼한관경본기 중 번한세가 하편

◉ 즉위 35년 병술년
천왕이 세상을 뜨니 태자 등올이 왕위에 올랐다. ▷단군세기

주 해

*태자 등올(登屼)과 ~ 한가로이 살면서 노래를 지었다

번한세가에는 이 대목이 번한 42대 왕 누사 때의 무인년(기원전 943, 29세 단군 마휴)으로 기록되어 있으나, 등올이 태자였던 때는 30세 단군 내휴이므로 이때의 기록임이 분명하다.

환단고기 본문

31세 단군 등올

즉위 단기 1459년(기원전 874)
재위 25년

● 즉위 1년 정해년

● 즉위 16년 임인년
봉황이 백악에서 울고 기린(麒麟)이 상원(上苑)에 와서 놀았다.

● 즉위 25년 신해년
천왕이 세상을 뜨니 아들 추밀이 왕위에 올랐다. ▷단군세기

● 즉위 39년 을축년
번한의 왕 아륵이 죽으니 아들 마휴가 즉위하였다. ▷태백일사 삼한관경
본기 중 번한세가 하편

환단고기 본문

32세 단군 추밀

즉위 단기 1484년(기원전 849)
재위 30년

● 즉위 1년 임자년

● 즉위 3년 갑인년
  선비산(鮮卑山)의 추장 문고(們古)가 조공을 바쳤다.

● 즉위 12년 계해년
  초나라 (楚, 전국 시대 7웅의 하나로 동이족인 회수 일대의 회이가 초나라가 되었다) 의 대부(大夫) 이문기(李文起)가 조정에 들어왔다.

● 즉위 13년 갑자년
  3월에는 일식이 있었다.

● 즉위 15년 병인년
  농작물에 크게 흉년이 들었다.

❋ 즉위 30년 신사년

천왕이 세상을 뜨니 태자 감물이 왕위에 올랐다. ▷단군세기

 환단고기 본문

33세 단군 감물

즉위 단기 1514년(기원전 819)
재위 24년

※ 즉위 1년 임오년

※ 즉위 2년 계미년
주나라 (제5대 목왕穆王 때) 사람이 와서 범과 코끼리의 가죽을 바쳤다.

※ 즉위 7년 무자년
영고탑의 서문(西門) 밖 감물산(甘勿山) 아래에 삼성사(三聖祠)를 세우고 친히 제사를 지냈는데, 서고문(誓告文)에서 말하였다.
"존귀하신 삼성(三聖)은 신(神)과 더불어 공(功)이 같고 삼신의 덕은 성인으로 인해 크게 더하니, 비고 큼이 한 몸이요 개체와 전체가 일(一)이어서, 이변〔智〕과 사변〔生〕을 함께 닦으면 형상이니 혼이니가 가 없어 동일하리니, 참다운 교화가 전해지리라.
믿음이 오래 되면 스스로의 밝음에 힘입어 존귀함으로 빛을 돌이키리니, 몸을 뒤집어 분명하면 저 백악(白岳)과 만고(萬古)가 일(一)인 그

윽함이리라.

 열성(列聖)이 이어 내려왔으며, 글을 지어 예악(禮樂)을 일으켰던 대도(大道)의 규모는 깊고 넓어, 일(一)이 삼(三)을 머금고 삼(三)이 일(一)로 돌아간 큰 한얼의 계(戒)를 폈으니 영세(永世)의 법으로 삼아야 할 것이다."

※ 즉위 24년 을사년
 천왕이 세상을 뜨니 태자 오루문이 왕위에 올랐다. ▷단군세기

 환단고기 본문

34세 단군 오루문

즉위 단기 1538년(기원전 795)
재위 23년

※ 즉위 1년 병오년
　오곡이 풍년이 들어 여무니 만백성들이 기뻐하고 편안하여 도리(兜里)의 노래를 지어 불렀는데 그 노래에 말하였다.

　하늘에 아침 해가 있어
　밝은 빛이 비치고
　나라에 성인이 있어
　덕교(德敎)를 널리 펴네
　대읍(大邑)의 나라
　우리 배달 성조
　많고 많은 사람들이
　어지러운 정치를 보지 못하니
　밝게 빛나
　길이 태평하리로다

※ 즉위 10년 을묘년

　두 해가 함께 뜨자 이에 누런 안개가 사방을 가렸다. ▷단군세기

※ 즉위 11년 병진년

　번한의 왕 마휴가 죽으니 아들 다두가 즉위하였다. ▷태백일사 삼한관경
본기 중 번한세가 하편

※ 즉위 23년 무진년

　천왕이 세상을 뜨니 태자 사벌이 왕위에 올랐다. ▷단군세기

환단고기 본문

35세 단군 사벌

즉위 단기 1561년(기원전 772)
재위 68년

◎ 즉위 1년 기사년

◎ 즉위 6년 갑술년
 이 해에 황충(蝗蟲)과 큰 물이 있었다.

◎ 즉위 14년 임오년
 범이 궁전에 들어왔다. ▷단군세기

◎ 즉위 19년 정해년
 마한의 왕 소이가 죽으니 아들 사우가 즉위하였다.

◎ 즉위 20년 무자년
 주나라 왕 의구(宜臼)가 사신을 보내와 정월을 하례하였다. ▷태백일사 삼한관경본기 중 마한세가 하편

✹ 즉위 21년 기축년

번한의 왕 다두가 죽으니 아들 내이가 즉위하였다. ▷태백일사 삼한관경본기 중 번한세가 하편

✹ 즉위 24년 임진년

큰 물이 있어 산이 무너지니 골짜기가 메워졌다. ▷단군세기

✹ 즉위 27년 기미년

번한의 왕 내이가 죽으니 아들 차음이 즉위하였다.

✹ 즉위 37년 을사년

차음이 죽으니 아들 불리가 즉위하였다.

불리가 죽으니 아들 여을이 즉위하였다. (여을의 즉위 년도는 기록되어 있지 않으므로 이어서 함께 싣는다) ▷태백일사 삼한관경본기 중 번한세가 하편

✹ 즉위 50년 무오년

천왕이 언파불합(彦波弗哈) 장군을 보내어 그 해상(海上, 바다 위의 섬. 현재의 일본열도)의 웅습(熊襲)을 평정하였다.

✹ 즉위 66년 갑술년

*천왕이 조을(祖乙)을 보내 곧바로 *연(燕)나라의 수도를 뚫게 하였는데, *제(齊)나라 군사와 임치(臨淄)의 남쪽 성 밖에서 싸워 이겼음을 알

려왔다. ▷단군세기

번한의 왕 여을이 죽으니 엄루가 즉위하였다. ▷태백일사 삼한관경본기 중 번한세가 하편

❈ 즉위 68년 병자년

천왕이 세상을 뜨니 태자 매륵이 왕위에 올랐다. ▷단군세기

주 해

*천왕이 조을(祖乙)을 보내 곧바로 ~ 싸워 이겼음을 알려왔다

이 기록은 갑술년 즉 기원전 707년에 조을이라는 장수를 보내어 연나라의 서울을 돌파하고 제나라까지 쳐들어가서 싸워 이겼다는 내용이다. 임치는 지금의 산동성 광요현 남쪽에 있었다.

> 희공 25년 북융이 제나라를 침공하자 정나라에서 태자 호를 보내 제나라를 도왔다.
> 二十五年 北戎伐齊 鄭使太子忽來救齊 ▷중국 사기 제태공세가(齊太公世家)

> 산융이 연나라를 넘어서 제나라를 쳤다. 제나라 희공은 제나라의 교외에서 싸웠다.
> 山戎越燕而伐齊 齊釐公與戰于齊郊 ▷중국 사기 흉노전

단군조선인 구이 중 견이가 감숙 서응주로 옮겨가 살게 되면서 서융·견융으로 불리었는데 서융이 다시 이동하여 정착한 지역에 따라 각기 다른 이름으로 불리면서 산융·북융·백적·적적 등으로 기록되었다.

이 시기는 춘추 시대 (기원전 770~403) 에 해당한다. 국력이 쇠락한 주나라가 평왕 때에 낙읍으로 도읍을 옮기면서 시작된 춘추 시대에는 여러 종족들이 제각기 스스로를 왕이라 칭하면서 주위 지역들을 병합하여 세력을

확장하였다.

이로부터 많은 제후국들간에 쟁탈전이 벌어졌으며, 몇몇 강대한 제후국이 작은 제후국들을 병합하면서, 패권을 둘러싸고 격렬한 전쟁을 벌였다.

제나라 환공이 패권을 장악할 때까지 주나라의 제후국으로 시작된 여러 소국들은 심한 혼란상태에 빠졌고, 단군조선의 일족인 견이, 백적, 적적 등의 세력이 날로 창궐하여 북방 지역에서 크게 세력을 떨쳤다. 제(齊), 위(衛), 진(晋), 노(魯), 형(邢), 송(宋), 정(鄭) 등의 나라들은 모두 이들 북방족의 침략을 받았다. 이 밖에 연나라는 항상 산융의 침략을 받았다.

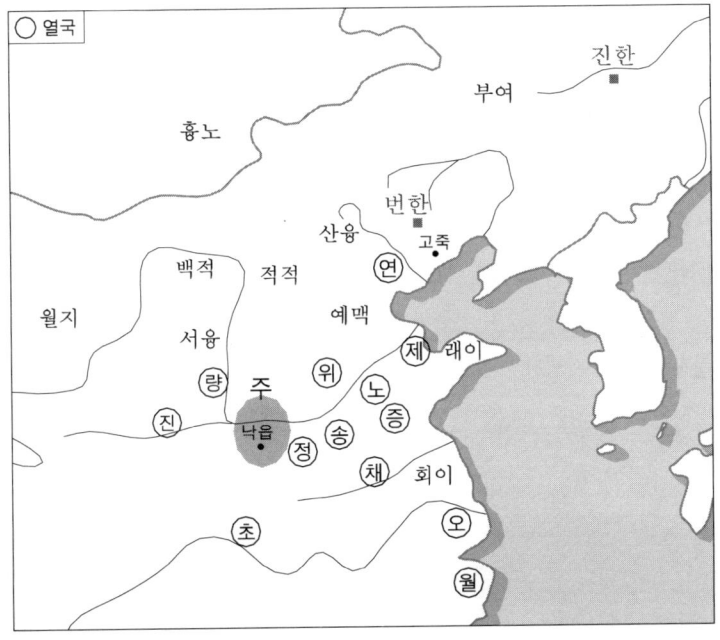

♣ 춘추 시대 열국 난립

*연(燕)나라

춘추 시대 (기원전 770~403) 의 봉건 제후국으로 전국 시대에는 7웅(七雄)의 하나가 되었다. 주(周)의 무왕이 동생 소공석(召公奭)을 계(북경 근교) 의 제후로 봉한 데에서 비롯되었다.

전국 시대 소왕(昭王) 때에 악의(樂毅) 등 많은 인재를 등용하여 한때 제나라를 제압할 만큼 강성하였으나, 아들 혜왕(惠王) 때에 다시 제나라의 반격을 받고 후퇴하였다.

희왕(喜王) 때 태자 단(丹)이 진왕(秦王)을 암살하고자 자객을 보냈으나 실패하였고 기원전 222년 진나라에 의해 멸망했다.

*제(齊)나라

춘추 시대 때 임치(臨淄)에 도읍했던 주나라의 제후국으로 개국공신인 강태공이 그 시조이다.

14대 양공(襄公) 때에 세력을 확장하였고, 환공(桓公) 때에는 재상인 관중(管仲)의 뛰어난 지략으로 부국강병에 성공하여, 기원전 679년 춘추 최초의 패자가 되었다. 그후 산동의 대국으로 진, 초와 겨루었으나 극심한 내란으로 인해 쇠퇴하기 시작하여, 기원전 386년 29대 강공(康公)이 죽자 멸망하였다.

 환단고기 본문

36세 단군 매륵

즉위 단기 1629년(기원전 704)
재위 58년

❋ 즉위 1년 정축년 ▷단군세기

❋ 즉위 2년 무인년
흉노가 번한에 사신을 보내어 천왕을 뵙고자 하였으며 신하라 하면서 공물을 바치고 갔다.

번한의 왕 엄루가 죽으니 아들 감위가 즉위하였다. ▷태백일사 삼한관경 본기 중 번한세가 하편

❋ 즉위 28년 갑진년
지진과 해일이 있었다. ▷단군세기

마한의 왕 사우가 죽으니 아들 궁홀이 즉위하였다.
궁홀이 죽으니 아들 동기가 즉위하였다. (동기의 즉위 년도는 기록되어 있

지 않으므로 이어서 함께 싣는다) ▷태백일사 삼한관경본기 중 마한세가 하편

❂ 즉위 32년 무신년

서촌(西村) 민가의 소가 발이 여덟 개 달린 송아지를 낳았다. ▷단군세기

번한의 왕 감위가 죽으니 아들 술리가 즉위하였다. ▷태백일사 삼한관경본기 중 번한세가 하편

❂ 즉위 35년 신해년

용마(龍馬)가 천하(天河)에서 나왔는데 등에 별무늬가 있었다. ▷단군세기

❂ 즉위 38년 갑인년

마한의 협야후(陜野侯) 배반명(裵幋命)을 보내어 전선 500척을 거느리고 가서, 바다에 있는 섬을 치고 왜인들의 반란을 평정하게 하였으니, 12월에 왜인들의 삼도(三島, 일본열도)를 모두 평정하였다. ▷단군세기, 태백일사 삼한관경본기 중 마한세가 하편

❂ 즉위 42년 무오년

번한의 왕 술리가 죽으니 아들 아갑이 즉위하였다. ▷태백일사 삼한관경본기 중 번한세가 하편

❀ 즉위 52년 무진년

　*천왕이 군사를 보내 수유의 군사와 함께 연나라를 치게 하였다. 연나라가 제나라에 다급함을 알리자 많은 제나라 사람들이 고죽으로 들어왔으나, 우리 복병을 만나 싸움에 이기지 못하고 화친하기를 애걸하면서 물러갔다. ▷단군세기

❀ 즉위 54년 경오년

　천왕이 사신 고유선(高維先)을 보내 환웅·치우·단군 왕검 세 조상의 상(像)을 널리 전하여 관청이나 집에서 받들어 모시도록 하였다.

❀ 즉위 57년 계유년

　번한의 왕 아갑이 죽으니 고태가 즉위하였다. ▷태백일사 삼한관경본기 중 번한세가 하편

❀ 즉위 58년 갑술년

　천왕이 세상을 뜨니 태자 마물이 왕위에 올랐다. ▷단군세기

주 해

*천왕이 군사를 보내 ~ 화친하기를 애걸하면서 물러갔다

    제나라 환공 23년 산융이 연나라를 정벌하자 연나라는 제나라에 위급함을 알려 왔다. 제나라 환공은 연나라를 구원하기 위해 마침내 산융을 쳐서 고죽까지 이른 다음 돌아왔다.
    其後四十四年 而山戎伐燕 燕告急于齊 齊桓公北伐山戎 山戎走 ▷중국 사기 제태공세가

    비록 단군조선을 산융으로 기록하는 역사 왜곡의 상투적인 수법을 사용하여 단군조선이 승리한 사실을 교묘하게 감추고 있으나, 만약 연·제 연합군이 승리했다면 분명 크게 이겼다고 했을 것인데, 다만 고죽까지 이른 다음 돌아왔다고만 한 중국 『사기』의 기록과, 고죽의 우리 복병을 만나 제나라 사람들이 화친하기를 애걸하고 물러갔다고 한 「단군세기」의 이 기록을 종합해 볼 때 단군조선이 승리했음을 알 수 있다.
    『사기』에는 제나라 환공 23년 무오년 (기원전 663)으로 기록되어 있고, 「단군세기」에는 무진년 (기원전 653)으로 기록되어 있는데, 이 기록은 『사기』의 무오년이 맞을 것으로 짐작된다.

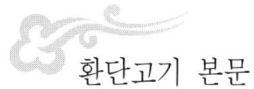
환단고기 본문

37세 단군 마물

　　　　　　　　　　　　　　　즉위 단기 1687년(기원전 646)
　　　　　　　　　　　　　　　재위 56년

❋ 즉위 1년 을해년

❋ 즉위 13년 정해년
　번한의 왕 고태가 죽으니 아들 소태이가 즉위하였다.

❋ 즉위 31년 을사년
　소태이가 죽으니 아들 마건이 즉위하였다.

❋ 즉위 42년 병진년
　마건이 죽으니 천한이 즉위하였다.

❋ 즉위 52년 병인년
　천한이 죽으니 아들 노물이 즉위하였다. ▷태백일사 삼한관경본기 중 번한세가 하편

* 즉위 56년 경오년

천왕이 남쪽으로 순수하다가 기수(淇水)에 이르러 세상을 뜨니 태자 다물이 왕위에 올랐다. ▷단군세기

환단고기 본문

38세 단군 다물

즉위 단기 1743년(기원전 590)
재위 45년

❋ 즉위 1년 신미년 ▷단군세기

❋ 즉위 3년 계유년
마한의 왕 동기가 죽으니 아들 다도가 즉위하였다. ▷태백일사 삼한관경
본기 중 마한세가 하편

❋ 즉위 45년 을묘년
천왕이 세상을 뜨니 태자 두홀이 왕위에 올랐다. ▷단군세기

환단고기 본문

39세 단군 두홀

즉위 단기 1788년(기원전 545)
재위 36년

❋ 즉위 1년 병진년 ▷단군세기

❋ 즉위 26년 신사년
번한의 왕 노물이 죽으니 아들 도을이 즉위하였다.

❋ 즉위 28년 계미년
 *노(魯)나라 사람 공구(孔丘)가 주나라에 가서 노자(老子) 이이(李耳)에게 예(禮)를 물었다. 이이의 아버지의 성은 한(韓)이고 이름은 건(乾)인데 그 조상은 풍(風)땅 사람이다. 뒤에 서쪽의 관(關)을 지나고 내몽고(內蒙古)를 거쳐서 아유타(阿踰陀)에 이르렀으며 그 백성들을 교화하였다. ▷태백일사 삼한관경본기 중 번한세가 하편

❋ 즉위 36년 신묘년
천왕이 세상을 뜨니 태자 달음이 왕위에 올랐다. ▷단군세기

주 해

*노(魯)나라

주나라 제후국의 하나로 도읍은 곡부였다. 시조는 주나라 무왕의 아우이자 건국의 대공신이기도 한 주공 단이다. 춘추 시대에는 제·진·초나라 중 어느 한 나라에 종속하여 그 명맥을 이어가다가 기원전 249년에 초나라의 고열왕에 의해 멸망했다.

# 환단고기 본문

40세 단군 달음

즉위 단기 1824년(기원전 509)
재위 18년

☀ 즉위 1년 임진년 ▷단군세기

마한의 왕 다도가 죽으니 아들 사라가 즉위하였다.

사라가 죽으니 아들 가섭라가 즉위하였다.

가섭라가 죽으니 아들 가리가 즉위하였다. (가섭라, 가리의 즉위 년도는 기록되어 있지 않으므로 이어서 함께 싣는다) ▷태백일사 삼한관경본기 중 마한세가 하편

☀ 즉위 5년 병신년

번한의 왕 도을이 죽으니 아들 술휴가 즉위하였다. ▷태백일사 삼한관경본기 중 번한세가 하편

☀ 즉위 18년 기유년

천왕이 세상을 뜨니 태자 음차가 왕위에 올랐다. ▷단군세기

환단고기 본문

41세 단군 음차

즉위 단기 1842년(기원전 491)
재위 20년

※ 즉위 1년 경술년

※ 즉위 20년 기사년
천왕이 세상을 뜨니 태자 을우지가 왕위에 올랐다. ▷단군세기

환단고기 본문

42세 단군 을우지

즉위 단기 1862년(기원전 471)
재위 10년

※ 즉위 1년 경오년

번한의 왕 솔휴가 죽으니 아들 사량이 즉위하였다. ▷태백일사 삼한관경본기 중 번한세가 하편

※ 즉위 10년 기묘년

천왕이 세상을 뜨니 태자 물리가 왕위에 올랐다. ▷단군세기

 환단고기 본문

43세 단군 물리

즉위 단기 1872년(기원전 461)
재위 36년

* 즉위 1년 경진년 ▷단군세기

* 즉위 9년 무자년
번한의 왕 사량이 죽으니 아들 지한이 즉위하였다.

* 즉위 24년 계묘년
지한이 죽으니 아들 인한이 즉위하였다. ▷태백일사 삼한관경본기 중 번한세가 하편

* 즉위 36년 을묘년
융안(隆安)의 사냥족 우화충(于和冲)이 스스로 장군이라 하면서, 사냥족 무리 수만 명을 모아 모반하였으니, 서북쪽 36군(郡)을 함락시켰다. 천왕이 군사를 보내어 치게 하였으나 관군이 싸울 때마다 이기지 못하였다.

마침내 겨울에 역적이 가까이 들이닥쳐 도성을 포위하였으며, 몹시 급하게 공격하여 매우 위급하였다. 마한의 왕 가리도 나가 싸우다가 빗나간 화살에 맞아 세상을 떴으니, 천왕은 좌우 궁인과 함께 묘사(廟社, 종묘와 사직을 함께 이르는 말. 종묘는 역대 임금과 왕비의 위패를 모시던 사당이요, 사직은 임금이 나라의 정치를 집행하는 곳)의 신주(神主, 여기에서는 역대 임금의 위패를 말한다)를 받들고 배를 타고 내려가 해두(海頭)에 가서 얼마 있지 않아 세상을 떴다. ▷단군세기, 태백일사 삼한관경본기 중 마한세가 하편

 이 해에 백민성(白民城)의 욕살 구물(丘勿)이 명에 의해 군사를 일으켜 먼저 장당경을 점거하니, 아홉 지역의 군사가 여기에 따랐고 동·서 압록(鴨綠) 18성이 모두 군사를 보내와서 도왔다. ▷단군세기

환단고기 본문

44세 단군 구물

즉위 단기 1908년(기원전 425)
재위 29년

즉위 1년 병진년

3월에 큰 물이 도성에 몰려 들어오자 역적이 크게 어수선해졌다. 상장 구물이 군사 1만을 거느리고 가서 토벌하자, 역적이 싸워보지도 못하고 스스로 무너졌으니, 마침내 사냥족 우두머리인 우화충을 죽이고 도성을 장당경으로 옮겼다. ▷단군세기, 태백일사 삼한관경본기 중 마한세가 하편

이로 인해 구물이 여러 장수들의 추대를 받아, 3월 16일 단을 쌓고 하늘에 제사 지냈으며, 드디어 *장당경(藏唐京)에서 즉위하였다. 이에 단군 구물은 주나라 고(考)왕 때 국호를 대부여(大夫餘)라 고치고, 도읍을 백악에서 장당경으로 옮겼으니, 지금은 개원이 되었고 또한 평양이라고도 한다. 삼한을 고쳐 삼조선(三朝鮮)이라 하였다.

이에 팔조목을 두고 책 읽는 것과 활쏘기를 익히는 과정을 두었으며, 하늘에 제사 지내는 것을 가르치면서, 농사짓고 누에치는 일에 힘쓰도록 하였으니, 산과 못에 들어가는 것을 금하는 일이 없어서 죄가 처자

에게 미치지 않았다. 백성과 더불어 함께 의논하고 힘을 합하여 나라를 다스렸으니, 남자는 정상적인 직업이 있었고, 여자에게는 좋은 배필이 있었으며, 집집마다 모두 물자가 쌓여, 산에는 도둑이 없고 들에는 굶주리는 사람을 볼 수 없어, 풍악과 노래하는 소리가 온 나라에 넘쳐 흘렀다. ▷삼성기전 상편, 단군세기, 태백일사 중 소도경전본훈

 삼조선이라는 칭호는 단군 색불루에서 시작되기는 했으나 갖추어지지 못하였다가 이때에 이르러 갖추어졌다. 삼한은 분조를 갖고 지경을 관리한다는 뜻이며, 삼조선이란 권한을 나누어 지경을 관리하는 제도였다. ▷태백일사 중 소도경전본훈

 이로부터 삼조선도 비록 단군을 받들어 일존임리(一尊臨理)의 제도를 만들었으나, 화합하거나 싸우는 권리를 일존에게만 두지는 않았다. ▷단군세기

 앞서 가리의 손자 전내로 하여금 막조선(마한)의 뒤를 계승하게 하니 이로부터 나라의 정치가 더욱 쇠해졌다.

 전내가 죽으니 아들 진을례가 즉위하였다. (진을례의 즉위 년도는 기록되어 있지 않으므로 이어서 함께 싣는다) ▷태백일사 삼한관경본기 중 마한세가 하편

 7월에 명을 내려 해성을 개축(改築)하면서 평양이라 하고 이궁을 짓게 하였다.

※ 즉위 2년 정사년

 예관(禮官)이 삼신의 영고제 (迎鼓祭, 추수감사제의 성격을 지닌 종교적 제례로

서 삼신을 맞이하는 예식) 를 청하여 행하니 3월 16일이었다. 천왕이 친히 나아가서 공손히 절하였는데 첫 번째 절에는 세 번 머리를 숙이고 두 번째 절에는 여섯 번 머리를 숙이며 세 번째 절에는 아홉 번 머리를 숙이면서 절하였으니 따라간 무리들은 특별히 열 번 머리를 숙였다. 이것이 삼육대례이다. ▷단군세기

「단군세기」에, "엄지손가락을 교차시켜 오른 손을 얹어 삼육의 대례를 한다." 하였으니, 엄지손가락을 교차시키는데 있어서 오른쪽 엄지손가락은 자(子)를 가리킨 것이요, 왼쪽 엄지손가락은 해(亥)를 가리킨 것이니 오른손을 얹어 태극 모양을 만든 것이다.

옛날에는 반드시 먼저 읍(揖)하고 꿇어앉았으니, 절할 때에도 반드시 먼저 읍하고 꿇어앉는 것이 곧 올바른 예법이었다.

*읍이란 '모은다'는 말로 마음을 모으고 손을 마주 잡아 한얼(天)을 생각하는 것이며 꿇어앉는 것은 따르는 것이니, 기운을 순하게 하고 무릎을 합하여 땅(地)에 사례하는 것이며 절하는 것은 바친다는 것이니 몸을 바치고 머리를 조아려 조상에게 보답하는 것이다.

한 번 절하여 지음에, 머리가 손까지 이르는 것을 배(拜)라 하고, 손과 머리가 땅에 이르는 것을 고두(叩頭)라 하니 고두란 곧 이마가 땅에 닿도록 절하는 것이다. ▷태백일사 중 소도경전본훈

*이보다 먼저 대교(大敎)에 가닥이 많아지게 되고 사람이 능히 이를 행하지 못하였다. 연나라가 침입한 이래 전쟁의 화가 빈번히 닥쳐오고 해를 거듭해서 곡식이 익지 못하였으며 또 치화(治化)를 잃어 국력이

더욱 쇠약해져갔다.

어느 날, 천왕이 꿈에서 얻은 가르침으로 새롭게 고친 큰 정치를 하고자 천왕의 사당(廟) 뜰에 큰 나무를 세우고 북을 달았으며, 스무하루 동안 기일을 정하여 나이의 차례대로 서로 마시고 권하면서 교화시키는 방법을 만들었다. 이에 매번 모임마다 아홉 가지 맹세의 글[九誓之文]로써 아홉 가지 맹세를 하였다.

처음 절하고 맹세하기를, "너희들은 힘써 집에서 효도하라. 집에는 부모와 처자가 있으니 정성스러운 마음으로 정성껏 공경하라. 널리 벗을 사랑하고 우애하며 정성껏 제사를 받들어 일인 근본[一本]에 보답하라.

손님을 공경하고 접대하여 동네와 이웃에 선을 베풀며 자제를 힘써 가르쳐 영재를 기르라. 이것이 다 인륜교화에 있어서 가장 큰 것이니, 효도하고 사랑하고 순종하고 예의를 지키는 이것을 어찌 감히 닦아 행하지 않겠는가." 하고 맹세하면 일제히 소리내어 "그대로 하겠나이다." 라고 대답하였으며, 아니라고 하는 자는 쫓아버렸다.

두 번째 절하고 맹세하기를, "너희들은 힘써 형제끼리 우애하라. 형제는 부모에게서 갈라졌으니 형이 즐거우면 아우도 즐겁고, 아우가 즐겁지 못할 때는 형도 즐겁지 못한 것이다. 일[事]에 이르러 즐겁고 즐겁지 못한 것이 다른 사람과 자신이 서로 같도록 하라.

이 마음이 내 몸으로부터 만물에 미쳐서 가까운 곳으로부터 먼 곳에 미치고, 이러한 도가 퍼져서 마을과 나라에 미치게 되면 마을과 나라를 일으키게 되고, 또 이것이 천하에 퍼지면 천하를 교화시킬 수 있을 것이니, 우애와 화목과 어짊과 용서를 어찌 감히 닦아 행하지 않겠는가." 하면 모두 소리내어 "그대로 하겠나이다."라고 대답하였으며, 아니라고 하는 자는 쫓아버렸다.

세 번째 절하고 맹세하기를, "너희는 힘써 스승과 벗을 믿어라. 스승과 벗은 도법(道法)을 굳게 지켜 변함이 없게 하니 덕(德)과 의(義)를 서로 연마하며 허물이 있으면 서로 경책해야 한다.

학문을 세워 일으키고 사업을 성취하는 것이 모두 스승과 벗의 힘이거늘 믿음과 실다움과 성실과 부지런함을 어찌 감히 닦아 행하지 않겠는가." 하고 맹세하면 모두 소리내어 "그대로 하겠나이다."라고 대답하였으며, 아니라고 하는 자는 쫓아버렸다.

네 번째 절하고 맹세하기를, "너희들은 힘써 나라에 충성하라. 나라는 선왕(先王)이 세운 것이며 지금 백성들이 먹고사는 곳이다. 나라의 정치를 새롭게 고치고 나라의 부를 증진시키며 국토를 수호하고 국권을 키워 떨치며 국세를 굳건히 하라.

이로써 역사를 빛나게 하는 것이 모두 나라의 장래이니, 충성과 의로움과 기개와 절개를 어찌 감히 닦아 행하지 않겠는가." 하고 맹세하면 모두 소리내어 "그대로 하겠나이다."라고 대답하였으며, 아니라고 하는 자는 쫓아버렸다.

다섯 번째 절하고 맹세하기를, "너희는 힘써 무리에게 겸손하라. 무리는 모두 천왕의 백성이며 나와 더불어 *삼진(三眞)을 받은 이들이니, 성품을 주관하는 근본이자 국력의 실마리이다.

윗사람이 겸손하지 않으면 아랫사람이 떠나고, 오른쪽에서 겸손하지 않으면 왼쪽에서 뛰쳐나가며, 앞에서 겸손하지 않으면 뒤에서 물러난다. 아랫사람이 겸손하지 않으면 윗사람이 싫어하고, 왼쪽에서 겸손하지 않으면 오른쪽에서 떨어져나가고, 뒤에서 겸손하지 않으면 앞에서 멀어진다.

이제 겸손하고 사양하며 서로 높이면서 무리가 화합하여 힘을 함께 쓴다면 밖에서 업신여기는 것을 막을 수 있고 안으로 다스려 닦을 수 있는 것이니, 겸손과 사양과 공손함과 삼가함을 어찌 감히 닦아 행하지 않겠는가.” 하고 맹세하면 모두 소리내어 “그대로 하겠나이다.”라고 대답하였으며, 아니라고 하는 자는 쫓아버렸다.

여섯 번째 절하고 맹세하기를, “너희들은 힘써 정사(政事)를 분명히 알도록 하라. 정사란 어지러움을 다스리는 것에 관계되는 것이다. 풍백(風伯)은 신표(信標)를 세우고, 우사(雨師)는 정치를 베풀며, 운사(雲師)는 형벌을 행하면서 각각의 직권에 있어 서로 침범하거나 넘어서지 않고, 현재의 지견을 높이고, 언로(言路)를 넓게 채택하고, 기예(技藝)를 연마하여 경험을 쌓아 나간다면 나라의 일이 고르게 되어 백성들의 일이 한가로울 것이니, 밝은 지혜와 통달한 견해를 어찌 감히 닦아 행하지 않겠는가.” 하고 맹세하면 모두 소리내어 “그대로 하겠나이다.”라고 대답하였으며, 아니라고 하는 자는 쫓아버렸다.

일곱 번째 절하고 맹세하기를, “너희들은 싸움터에 나아가 힘써 용감하라. 싸움터란 나라의 존망(存亡)이 결정되는 곳이니, 나라가 존재하지 않으면 임금은 내쫓겨 허수아비가 될 것이며, 임금이 서지 않으면 처자를 빼앗겨 남의 종이 될 것이다.

일[事]에 응하고 만물을 대하는 것이 모두 나의 길 아닌 것이 없고, 세상에 가르침을 전하는 것 또한 모두 내 일 아닌 것이 없으니, 나라 없이 살고 임금 없이 존재하는 것이 나라가 있어 죽고 임금이 있어 끝나는 것만 하겠는가.

　이제 확실히 스스로를 비우고 희생하는 풍토를 이루어야 한다. 규제는 조용히 하고 무리들에게 잘하며 스스로 다스려지도록 상과 벌에 반드시 바르고 공평하게 하여, 남과 내가 또한 신의로 서로 구제한다면 무리를 바르게 기르고 천만 사람을 복되게 할 수 있을 것이니, 용맹과 담력과 굳셈과 의협심을 어찌 감히 닦아 행하지 않겠는가." 하고 맹세하면 모두 소리내어 "그대로 하겠나이다."라고 대답하였으며, 아니라고 하는 자는 쫓아버렸다.

　여덟 번째 절하고 맹세하기를, "너희들은 힘써 몸을 청렴히 하라. 행동이 청렴하지 못하면 사람의 본 마음이 저절로 어두워지고, 능히 청렴하면 신령스러운 밝음에 저절로 통하여 두루하게 된다.

　사사로운 이익에만 치우치면 반드시 병으로 시들고, 자기만이 옳다 스스로 자랑하면 반드시 부패하게 될 것이다. 어리석게 스스로 만족하여 자신도 해치고 남도 해치게 되어 이 인습이 시간이 갈수록 쌓여서 잠기고 빠지게 되면 구원할 수 없게 될 것이거늘, 청렴함과 곧음, 깨끗함과 맑음을 어찌 감히 닦아 행하지 않겠는가." 하고 맹세하면 모두 소리내어 "그대로 하겠나이다."라고 대답하였으며, 아니라고 하는 자는 쫓아버렸다.

　아홉 번째 절하고 맹세하기를, "너희들은 직업에 의로움을 갖도록 힘써라. 사람이 직무를 만들어 업을 이루어서는 반드시 책임을 져야 한다. 만일 하나라도 의롭지 못함이 있어 직업을 잃고 그만둔다면 반드시 업신여김과 비난으로 해서 스스로 무너지고 말 것이다.

만일 정의가 있어 널리 믿어 주어 내 힘으로 먹고산다면 업신여기거나 침범하여 빼앗아 가겠는가. 의로움이란 힘을 모아 일으키는 바이며 올바른 기운으로 발하는 것이니, 이것을 거두면 아홉 구멍, 곧 내 몸에 간직되고, 이를 넓히면 천지에 가득 찬다. 정의(正義)와 공리(公理)를 어찌 감히 닦아 행하지 않겠는가." 하고 맹세하면 모두 소리내어 "그대로 하겠나이다."라고 대답하였으며, 아니라고 하는 자는 쫓아버렸다.

*이로부터 풍속이 맑음과 두터움을 숭상하였다. 나라를 위하는 전쟁에 용감하며, 모든 사람의 이익에 힘써 공사(公事)에 민첩하고, 공정한 덕에 밝아 선업을 권하고 잘못을 바로잡으며, 스스로 예의와 자애의 풍속을 이루었으니 다함께 삼신에게 돌아가 의지하도록 하는 것으로 교화하였다. ▷태백일사 중 소도경전본훈

※ 즉위 17년 임신년

감찰관을 주(州)·군(郡)에 보내어 관리와 백성을 한데 모아 살펴서 효성이 있고 청렴한 자를 천거하게 하였다.

※ 즉위 23년 무인년

연나라가 사신을 보내와 새해 하례를 하였다. ▷단군세기

❋ 즉위 26년 신사년

　번한의 왕 인한이 죽으니 아들 서울이 즉위하였다. ▷태백일사 삼한관경본기 중 번한세가 하편

❋ 즉위 29년 갑신년

　천왕이 세상을 뜨니 태자 여루가 왕위에 올랐다. ▷단군세기

주 해

*장당경(藏唐京)

대륙을 다스렸던 단군조선의 통치력이 약화되자 수많은 소국들이 난립하였고 연·제 연합군에게 패배한 후 단군조선의 세력은 동북 지역으로 밀려나 장당경으로 도읍을 옮겼다. 100여 국으로 분열되었던 대륙은 전국시대 (기원전 403~221) 에 한(韓), 위(魏), 조(趙), 제(齊), 진(秦), 초(楚), 연(燕)의 7국으로 정리되고 7국간의 전쟁 끝에 기원전 221년 진에 의해 통일된다.

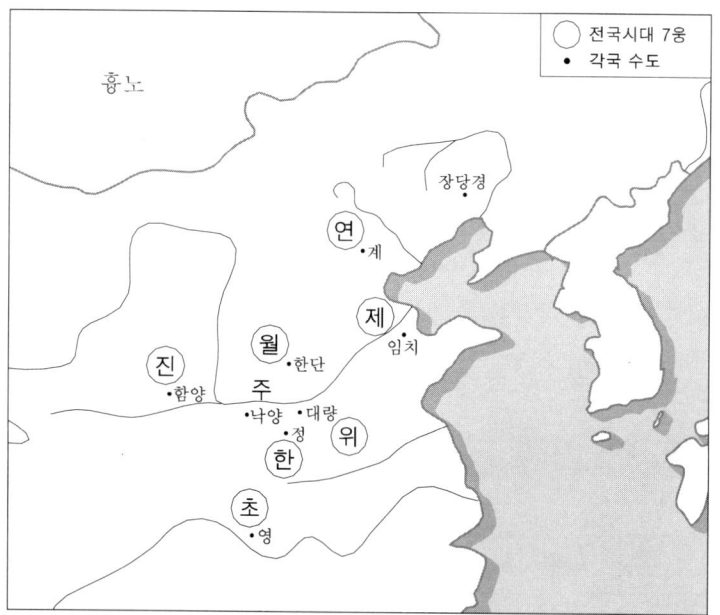

♣ 전국 시대 7웅

*읍이란 '모은다'는 말로 ~ 조상에게 보답하는 것이다

제천의식 자체가 본성품의 신령함에 귀의하게 하기 위해 비롯되었으므로 절하는 것도 이치, 즉 진리로써 이루어졌음은 당연하다 할 것이다. 한얼은 천(天)이요, 땅은 지(地)요, 조상은 천(天)인 성품바탕과 지(地)인 성품에 본유한 지혜와 능력을 발휘하여 백성을 이롭게 한 성현으로서 일신(一神)의 화현이자 일기(一氣) 자체이므로 인(人)과 통한다.

결국 절한다는 것은 천·지·인을 한 몸에 지니고 교화한 성현을 받들고 감사함으로써 천·지·인과 일체를 이루고자 하는 것이다.

*이보다 먼저 대교(大敎)에 가닥이 ~ 능히 이를 행하지 못하였다

사람들이 경계에 떨어지는 것이 심해지면서 이를 취하고 버림으로 해서 어리석음과 악이 빚어지게 되고 이에 따라 더욱 많은 방편의 가르침과 제재, 계율과 격식이 필요하게 된다. 또 한편으로는 사회가 분화되면서 다방면의 지식과 기술이 필요해진다. 따라서 대교에 가닥이 많아져 사람이 능히 이를 행하지 못했다기보다는 사람이 경계에 떨어지면서 대교의 가닥이 많아졌다 할 것이다.

*삼진(三眞)을 받은 이들이니, ~ 근본이자 국력의 실마리이다

삼진이란 성(性)·명(命)·정(精)으로 성품에 갖춘 바이다. 사람은 모두 본성품으로부터 비롯하여 모자람 없는 능력을 지녔으며, 그렇기 때문에 성품을 주관하는 근본이라 한 것이다.

*이로부터 풍속이 맑음과 두터움을 숭상하였다

<소도경전본훈>의 다른 대목에서 성품의 선(善)이 명(命)의 맑음이며 정(精)의 두터움이라 했다. 또한 흩어지지 않는 것이 맑음이요 모자람이 없는 것이 두터움이라 했다.

　명(命)이란 성품의 지혜와 능력을 씀에 근원으로부터의 씀이 끊어짐이 없도록 하는 것이니, 그럴 때에야 흩어짐이 없어 가히 맑음이라 할 것이다. 또 정(精)이란 명(命)으로 씀에 그르침이 없이 유지시키는 것이라 했으니, 때와 장소·사람에 맞추어 응함에 알맞아 항상 모자람이 없어야 가히 두텁다 할 것이다.

　따라서 풍속이 맑음과 두터움을 숭상하였다는 이 대목은 명(命)의 맑음과 정(精)의 두터움, 즉 성품의 선(善)과 미 (美, 즐기다. 누리다) 로써 풍속을 이루도록 교화하였음을 말해 놓은 것이다.

환단고기 본문

45세 단군 여루

즉위 단기 1937년(기원전 396)
재위 55년

◉ 즉위 1년 을유년

　장령(長嶺) 낭산(狼山)에 성을 쌓았다.

◉ 즉위 17년 신축년

　연나라 사람들이 변방 고을을 침입하므로 수장(守將) 묘장춘(苗長春)이 이를 쳐서 깨뜨렸다. ▷단군세기

◉ 즉위 22년 병오년

　번한의 왕 서울이 죽으니 아들 가색이 즉위하였다. ▷태백일사 삼한관경본기 중 번한세가 하편

◉ 즉위 31년 을묘년

　마한의 왕 진을례가 죽으니 아들 맹남이 즉위하였다. ▷태백일사 삼한관경본기 중 마한세가 하편

❊ 즉위 32년 병진년

 연나라 사람들이 도리를 어기고 쳐들어와 요서(遼西)를 빼앗고 운장(雲障)에 몰아닥치자, 번조선이 상장(上將) 우문언(于文言)에게 명하여 이를 막게 하였다. 진·막 두 조선도 군사를 보내 도와, 합하여 숨어들어와서 공격함으로써, 연·제의 군사를 오도하(五道河)에서 쳐부쉈으니, 요서의 여러 성이 모두 회복되었다.

❊ 즉위 33년 정사년

 연나라 사람들이 패했으나, 연운도(連雲島)에 주둔하면서 배를 만들어 장차 와서 습격하려 하였으니, 우문언이 쫓아가서 공격하여 크게 쳐부수고 장수를 쏘아 죽였다.

❊ 즉위 47년 신미년

 북막의 추장 액니거길(厄尼車吉)이 조정에 와서 말 200필을 바치면서 함께 연나라를 칠 것을 청했다. 이에 번조선의 소장(少將) 신불사(申不私)가 군사 1만을 거느리고 연나라의 상곡(上谷)을 함께 공격하여 빼앗고 성읍을 두었다.

❊ 즉위 54년 무인년

 상곡의 전쟁이 있은 후부터 연나라가 해마다 와서 침략하다가, 이때에 이르러 사신을 보내 화친하기를 청하자, 이를 허락하고 다시 조양(造陽) 서쪽을 국경으로 삼았다.

※ 즉위 55년 기묘년

 여름에 크게 가뭄이 들자 원통한 옥사(獄事)가 있을 것을 걱정하여 대사령을 내리고 친히 거동하여 비가 오기를 빌었다.

 9월에 천왕이 세상을 뜨니 태자 보을이 왕위에 올랐다. ▷단군세기

환단고기 본문

46세 단군 보을

즉위 단기 1992년(기원전 341)
재위 46년

❀ 즉위 1년 경진년

 번한의 왕 가색이 죽으니 아들 해인이 즉위하였다. 이 해 12월 번조선 왕 해인(解仁), 일명 산한(山韓)이 연나라에서 보낸 자객에게 죽자, 오가가 다투어 왕위에 오르려 하였으나, 2년인 신사년에 해인의 아들 수한이 섰다. ▷단군세기, 태백일사 삼한관경본기 중 번한세가 하편

❀ 즉위 3년 임오년

 연나라가 도리를 어기고 (번한에) 침입해 들어와 안촌홀(安寸忽)을 치고 또 험독에 들어오자, *수유 사람 기후가 장정 5천 명을 거느리고 와서 싸움을 도왔다. 이에 군세를 차츰 떨치면서 진번 두 한(韓)의 군사와 함께 협공하여 크게 쳐부쉈다. 한 쪽 군사를 나누어 보내 계성(薊城, 연나라 도읍) 남쪽에서도 싸우려 하였는데, 연나라가 두려워하면서 사신을 보내 사죄하자 *공자(公子)를 볼모로 삼았다. ▷태백일사 삼한관경본기 중 번한세가 하편

◈ 즉위 19년 무술년

　정월 번한의 수한이 세상을 떴는데 뒤를 이을 아들이 없자, 수유 사람 읍차 기후가 군사를 거느리고 번한의 궁에 들어와서 점령하였으며 스스로 번조선왕이라 하면서 사람을 보내 윤허를 청하였다. 천왕이 이를 허락하고 연나라에 굳게 대비하도록 하였으니, 기후가 명을 받아 군령을 대신하였다. 연나라가 사신을 보내어 하례하였다.

　이 해에 연나라가 왕을 자칭하면서 장차 쳐들어오고자 마한에 사신을 보내어 함께 치자고 하였으나, 막조선은 이를 좇지 않았고, 기후는 번조선왕이라는 바른 명칭을 이어받아 마침내 번한성에 살면서 불시에 닥쳐올 변을 대비하였다. ▷단군세기, 태백일사 삼한관경본기 중 마한세가 하편, 태백일사 삼한관경본기 중 번한세가 하편

◈ 즉위 27년 병오년

　번한의 왕 기후가 죽으니 아들 기욱이 즉위하였다. ▷태백일사 삼한관경본기 중 번한세가 하편

◈ 즉위 38년 정사년

　도성에 큰 불이 나서 모두 타버리자 천왕이 피했으니 해성의 이궁에 모셨다.

◈ 즉위 44년 계해년

　북막의 추장 니사(尼舍)가 음악을 바치자 이를 받고 후하게 상을 주

었다.

◉ 즉위 46년 을축년

　한개(韓介)가 수유의 군사를 이끌고 대궐을 침범하여 스스로 왕위에 오르자, 상장(上將) 고열가가 의로움으로써 일어나 그들을 공격하고 부쉈으니, 천왕이 도성으로 돌아와 대사령(大赦令)을 내렸다.

　이로부터 나라의 형세가 몹시 미약해져 국가의 비용을 댈 수 없었다. 이윽고 천왕이 세상을 떠났는데 뒤를 이을 아들이 없자, 고열가가 단군 물리의 현손(玄孫)으로 무리의 사랑을 받아 추대받았으며, 또한 공이 있어 마침내 왕위에 올랐다. ▷단군세기

주 해

*수유 사람 기후가 장정 5천 명을 거느리고 와서 싸움을 도왔다

당시 번조선에 속한 제후국 가운데 하북성과 산서성 일대를 다스리고 있던 수유가 있었다. 연나라가 침입하자 수유의 읍차라는 무관인 기후가 군사를 일으켰는데, 단군조선의 군대와 함께 연나라를 격파하고 도읍인 하북성 계성 지역까지 쳐들어갔다. 연나라는 전세가 불리해지자 사죄하고 조선에 인질을 보냈다.

*공자(公子)를 볼모로 삼았다

춘추·전국 시대에는 이런 인질제도가 크게 성하였는데, 이것은 상대국에게 복종하겠다는 의사를 표시하는 국가간의 평화관계를 보여주는 것이었다.

> 연나라에 현장·진개가 있었다. 그는 동호에게 인질로 잡혀 있었는데 동호가 그를 매우 신임하였다. 그가 나중에 귀국하여 다시 동호를 습격하자 동호가 도망하였다.
> 燕有賢將秦開 爲質於胡 胡甚信之 歸而襲破走東胡 ▷중국 사기 흉노전

> 연나라 공자를 번한에 인질로 보냈다.
> 燕公子爲質於番韓 ▷중국 사기 흉노전

비록 단군조선의 실체를 감추고자 위의 사실을 「조선전」에 기록하지 않고 「흉노전」에 기록하였으나, 진개가 동이인 동호에게 인질로 잡혀 있었다 하였고 연나라의 공자가 번한에 인질로 갔다 하였으니, 이때 진번의 군사가 연나라에게 승리하였던 것을 알 수 있다.

　그러나 이후에 단군조선은 진개를 앞세운 연나라 군사의 공격을 받고, 하북성 북경 지역에 있던 고죽국까지 영토를 빼앗겼다. 연나라는 단군조선의 서방을 빼앗아 만번한(滿番汗)을 경계로 삼았으니, 단군조선의 국력이 이로부터 매우 약화되었다.

 환단고기 본문

47세 단군 고열가

즉위 단기 2038년(기원전 295)
재위 58년

☀ 즉위 1년 병인년 ▷단군세기

☀ 즉위 6년 신미년
 이 해에 주군(州郡)에 명을 내려 어질고 착한 자를 천거하게 하였는데 한 때에 뽑힌 자가 270명이나 되었다.

 번한의 왕 기욱이 죽으니 아들 기석이 즉위하였다. ▷태백일사 삼한관경본기 중 번한세가 하편

☀ 즉위 14년 기묘년
 단군 왕검의 사당을 백악산에 세워 유사(有司)에게 사시(四時)마다 제사 지내게 하였으며 천왕도 1년에 한 번씩 친히 제사 지냈다. ▷단군세기

번한의 왕이 친히 도성 밖에서 밭을 갈았다. ▷태백일사 삼한관경본기 중 번한세가 하편

✤ 즉위 44년 기유년
연나라가 사신을 보내어 새해를 하례하고 공물을 바쳤다. ▷단군세기, 태백일사 삼한관경본기 중 번한세가 하편

✤ 즉위 45년 경술년
번한의 왕 기석이 죽으니 아들 기윤이 즉위하였다. ▷태백일사 삼한관경본기 중 번한세가 하편

✤ 즉위 48년 계축년
10월 초하루에 일식이 있었으며 이 해 겨울에 *북막의 추장 아리당부(阿里當夫)가 군사를 내어 연나라를 치자고 청했으나 천왕이 따르지 않자 이로부터 원망하여 조공하지 않았다. ▷단군세기

✤ 즉위 57년 임술년
4월 8일에 해모수(解慕漱)가 웅심산(熊心山)에 내려와 군사를 일으켰는데 그 조상은 고리국(槀離國) 사람이었다.

✤ 즉위 58년 계해년
천왕이 어질고 유약하며 과단성이 없어서, 명령이 이행되지 않는 일

이 많았고 여러 장수들은 용맹을 믿고 화란(禍亂)을 자주 일으켰으니, 국가의 비용을 댈 수 없어 백성들의 기운은 더욱 쇠해졌다.

3월, 하늘에 제사 지내는 날 저녁에 오가와 의논하기를 "옛날 우리 열성(列聖, 성현인 역대 천왕)께서 나라를 열고 대를 이어 내려오면서 심은 덕이 크고 원대하여 영세(永世)의 법으로 삼았다.

지금은 왕도가 쇠하고 미약해져서 제한(諸汗, 모든 제후)들이 강함을 다투는데, 오직 짐의 덕이 두텁지 못하고 나약하여 능히 다스리지 못해서 불러서 따르게 할 방책이 없다. 이리하여 백성들이 떠나 흩어지고 있으니 너희 오가는 어진 이를 골라서 천거하라." 하면서 옥문을 활짝 열고 사형수 이하 모든 포로들을 석방하여 돌려보냈다. ▷단군세기

이튿날 단군 고열가가 드디어 *왕위를 버리고 아사달로 들어갔는데 입산수도하여 신선이 되었다. 이에 진조선은 오가가 같이 법제를 따라 6년 동안 나라의 일을 다스렸으나 끝내 회복하지 못하고 끝을 마쳤다.
▷단군세기, 태백일사 삼한관경본기 중 마한세가 하편

이보다 앞서 종실 해모수가 은밀히 수유와 약속하여, 옛 도읍인 백악산 아사달을 습격하고 점령한 뒤, 천왕랑(天王郎)이라 하였는데 사방 경계 안이 모두 명을 따랐다.

이에 모든 장수를 제후로 삼고 수유후 기비를 오르게 하여 번조선 왕으로 삼아 상하운장에 보내어 지키게 하였다. ▷단군세기

번한의 기비는 처음부터 종실(宗室) 해모수와 은밀히 약속하여 왕위를 빼앗고자 하였으니 부지런히 명령을 받들어 보좌하였다. 해모수로 하여금 능히 대권을 잡게 한 이는 기비라고 생각된다. ▷태백일사 삼한관

경본기 중 번한세가 하편

　단군 왕검이 무진년으로부터 나라를 다스리기 시작하여 47세를 이어 온 그 역년은 2,096년이었다. ▷삼성기전 상편

　기비가 죽고 경진년에 아들 기준(箕準)이 즉위했는데 정미년 (기원전 146) 에 떠도는 도적 위만(衛滿)에게 속아서 패하고 바다에 들어가 돌아오지 않았다. ▷태백일사 삼한관경본기 중 번한세가 하편

　단군 기원 원년 무진년으로부터 *지금의 천왕이 등극하신 후 12년인 계묘에 이르기까지 모두 3,696년이 된다. 이 해 10월 3일에 홍행촌 늙은이는 강도(江都)의 해운당(海雲堂)에서 쓰노라. ▷단군세기

주 해

*북막의 추장 아리당부(阿里當夫)
북막이란 흉노이니, 단군조선의 통제를 받아 통일되지 못하고 세력이 미약하였으나, 단군조선이 국력을 잃고 쇠약해지자 이로부터 자신이 속해 있던 마한과 대립하기 시작하였다.

*왕위를 버리고
단군조선의 국력이 연나라와의 오랜 영토분쟁으로 쇠약해지자, 변방 제후국들이 자립하여 뿔뿔이 흩어졌으니, 마음이 나약하고 결단력이 없는 천왕은 왕위를 버리고 떠났다. 이로 인해 대륙은 열국 시대에 접어들게 되었다.

*지금의 천왕
즉위한 지 12년이 계묘년인 왕은 고려 31대 공민왕이니 「단군세기」를 쓴 이 암이 고려말의 학자임을 알 수 있다.

* 중국 전도 - 본문이나 주해의 내용을 읽을 때 지역과 위치 참고용

지명 찾기

갈석산 (碣石山) : 하북성과 산서성의 경계에 있는 산.
갈 성 (碣 城) : 하북성 창려현으로 추정.
강 수 (姜 水) : 중국 섬서성 기산현(岐山縣)에 있는 기수(岐水).
개 원 (開 原) : 만주 요녕성 개원.
개평부 (開平府) : 내몽고 남부 찰합시.
거 용 (渠 鄘) : 하북성의 북경 서북 지역에 있는 현재 지명.
계 성 (薊 城) : 하북성의 북경 동쪽.
고리국 (槀離國) : 하북성 북경 남쪽의 고안현.
고죽군 (孤竹君) : 하북성 북평의 옛 이름.
관 중 (關 中) : 섬서성 중부 평원 지역.
구월산 (九月山) : 길림성 장춘 방면.
낙 랑 (樂 浪) : 하북성 북경 인근 지역.
남 국 (藍 國) : 산서성 북부에 있었던 제후국.
낭 야 (琅 耶) : 산동성 제성(諸城)시 동남쪽 해안 지역.
대 방 (帶 方) : 하북성 석문(石門) 인근 지역.
도 산 (塗 山) : 안휘성 양자강 남쪽에 있는 지명. 현재의 당도(當塗).
동·서 압록(鴨綠) : 요녕성에 있는 요하(遼河) 일대. 고대에는 요하를 압록하(鴨綠河)라고 하였다.
만번한 (滿番汗) : 현 하북성 북경 일대.
명 조 (鳴 條) : 산서성 지역.

백민성 (白民城) : 현재의 하북성 창려(昌黎) 지역으로 추정.
백아강 (白牙岡) : 하르빈 남쪽에 있는 완달산으로 추정.
부　하 (負　夏) : 하남성에 있었던 지명.
북　막 (北　漠) : 고비사막 북쪽 지방. 지금의 몽고.
북　박 (北　亳) : 은나라의 도읍이 박이었는데 이 북박은 은나라 삼박의 하나이다. 남박은 곡엽, 북박은 경박, 서박은 언사이니, 남박·북박은 지금의 하북성 상구현이고, 서박은 지금의 언사현이다. 은나라 탕임금의 옛 백성들이 문왕에게 복종하여 삼읍으로 갈라지게 되었다고 전한다.
북옥저 (北沃沮) : 흑룡강 북쪽 일대.
불함산 (不咸山) : 하르빈 남쪽의 완달산.
비서갑 (斐西岬) : 흑룡강성과 길림성 일대에 있었던 지명으로 추정.
빈(邠)·기(岐) : 섬서성 서안(西安) 일대.
삼　도 (三　島) : 일본 열도.
삼랑성 (三郎城) : 강화도에 있는 성으로 일명 정족산성.
상　곡 (上　谷) : 하북성 연경현(延慶縣) 일대에 있었던 상곡군.
상　춘 (常　春) : 길림성 장춘.
색　도 (索　度) : 산동성 임치현 동남쪽 여수의 남쪽.
서 (徐) : 안휘성의 서주(徐州).
서옥저 (西沃沮) : 현재의 요동반도.
서　화 (西　華) : 하남성 황하 남쪽에 있는 현재 지명.
선비산 (鮮卑山) : 대홍안령 일대.
안덕향 (安德鄕) : 하북성 북경 서쪽 당산으로 추정.

약 수 (弱 水) : 만주에 있는 흑룡강.

엄 (淹) : 산동성 곡부(曲阜).

엄독홀 (奄瀆忽) : 산동성 곡부(曲阜)로 추정. 이곳을 옛날에는 엄(奄)이라 했다.

여 성 (黎 城) : 현재 산서성 장치현에 있는 현재 지명.

역 산 (易 山) : 현재 하북성 남쪽.

연운도 (連雲島) : 산동반도 남쪽 강소성 북단에 있는 섬.

연 주 (燕 州) : 산동성 일대.

열 양 (列 陽) : 황하 하류의 북쪽 하북성과 산동성의 경계 부근.

영고탑 (寧古塔) : 만주 흑룡강성 영안(寧安). 영고특, 영고대라고도 한다.

영 구 (營 丘) : 현재 산동성 치박(淄博)시.

영 주 (營 州) : 산서성과 하북성 지역.

영 지 (令 支) : 하북성 당산의 동북 천안(遷安) 부근.

예 읍 (濊 邑) : 길림성과 흑룡강성 일대로 추정.

웅 습 (熊 襲) : 일본 규슈(九州) 지방. 웅본(熊本)과 같다.

웅심산 (熊心山) : 길림성 북쪽 일대에 있었던 산으로 추정.

유 연 (幽 燕) : 유주(幽州)와 연주(燕州).

유 주 (幽 州) : 요녕성과 내몽고자치구 일부 지역(옛 열하성).

읍 루 (挹 婁) : 우수리강 유역과 연해주·송화강 및 흑룡강 하류 일대로 추정.

임 치 (臨 淄) : 산동성 치박시 부근.

장당경 (藏唐京) : 요녕성에 있는 현재의 개원(開原).

장 령 (長 嶺) : 내몽고 적봉(赤峰)시와 조양시 경계 영성(寧城)으로 추정.

제 풍 (諸 馮) : 하북성에 있었다.

조 양 (造 陽) : 하북성 연경현 일대 상곡군에 속해 있었던 고을 중의 하나.

지백특 (支伯特) : 티벳 지방으로 추정.

진 (陳) : 하남성 회양(淮陽).

창 려 (昌 黎) : 하북성 난하 일대에 있는 현재 지명.

천 주 (泉 州) : 복건성에 있는 현재 지명.

청 구 (靑 邱) : 산동반도의 동래로 추정.

청 주 (靑 州) : 산동성 일대.

탁 록 (涿 鹿) : 하북성 탁록현의 동남.

탁 예 (涿 芮) : 산서성 대동부 부근.

탐모라 (耽牟羅) : 탐라, 곧 제주도의 옛 이름으로 생각된다.

탕 지 (湯 池) : 하북성 당산시 동북쪽.

태 산 (泰 山) : 산동성 태안(泰安) 북쪽에 있는 산.

태행산맥 (太行山脈) : 산서성과 하북성의 경계를 이루는 산맥.

통 도 (桶 道) : 하북성 북경 북쪽.

풍 산 (風 山) : 산동성 봉래현 동래 지역.

한 성 (汗 城) : 하북성 난하 서쪽.

합이빈 (哈爾濱) : 하르빈.

항 산 (恒 山) : 산서성 동쪽에 있는 항산산맥의 주봉(主峰).

해(海)·대(岱) : 대산, 즉 태산과 황해 사이의 지역. 산동성 서쪽 일부를 제외한 전 지역.

해 성 (海 城) : 만주 요녕성 안산의 서남쪽에 있는 현재 지명.

험 독 (險 瀆) : 하북성 창려의 동남 반산현으로 추정.
혈 구 (穴 口) : 지금의 강화도.
회(淮)·대(岱) : 회수와 산동성 태산(泰山) 사이의 지역으로 산동성 중부 이남에서 하남성 동부 및 강소성과 안휘성 중북부 일대를 포함하는 지역.
회계산 (會稽山) : 절강성에 있는 산으로 춘추 시대 월나라의 본거지였다.

참고문헌

『5백년 고려사』. 박종기. 푸른 역사. 1999
『가림토』. 박인수. 거근당. 1999
『가야와 임나』. 이희진. 동방미디어. 1999
『가야제국의 왕권』. 인제대 가야문화연구소. 신서원. 1997
『고구려 백제 신라와 가야를 찾아서』. 이이화. 한길사. 1998
『고구려 호태왕비 연구』. 박진석. 아세아문화사. 1996
『고구려국본기』. 박영규. 웅진출판사. 1997
『고구려의 발견』. 김용만. 바다출판사. 1999
『고구려제국사』. 서병국. 혜안. 1997
『고대 동북아시아의 민족과 문화』. 김영수. 여강출판사. 1994
『고대 조선과 일본의 역사』. 이중태. 명문당. 1997
『고대 한일관계사』. 연인수. 혜안. 1998
『고려 중기 정치세력 연구』. 강인국. 신서원. 1999
『고려사 열전』. 정인지. 계명대학교 출판부. 2001
『고려왕조실록』. 박영규. 들녘. 2000
『고조선 연구』. 윤내현. 일지사. 1995
『고조선 우리의 미래가 보인다』. 윤내현. 민음사. 1995
『고조선』. 유엠부찐. 소나무출판사. 1990
『광개토왕비의 연구』. 이진희. 일조각. 1982
『광개토왕이 정말 일본 천황이 되었습니까 1』. 박우인. 예예원. 1999

『구다라 패망의 원혼』. 태관. 득지문화사. 1999

『꿈이 담긴 한국고대사 노트』. 이도학. 일지사. 1996

『네티즌과 함께 풀어보는 한국 고대사의 수수께끼』. 김상. 주류성. 2001

『다물, 그 역사와의 약속』. 강기준. 다물. 1998

『다시 쓰는 한일고대사』. 최진. 대한교과서(주). 1996

『다시 찾는 우리 역사』. 한영우. 경세원. 1998

『다시 찾은 고구려 정사』. 오종철. 을지서적. 1993

『단군 실사에 관한 고증연구』. 이상시. 고려원. 1990

『대쥬신제국사』. 김산호. 동아출판사. 1994

『동아시아의 왕권과 교역』. 이성시. 청년사. 1999

『동이족과 부여의 역사』. 서병국. 혜안. 2001

『되물한국사(상고사편)』. 유왕기. 리민족사연구회. 2004

『러시아 연해주 발해 절터』. 대한민국 고구려 연구회. 학연문화사. 1998

『러시아 연해주와 발해 역사』. 에 붸 샤브꾸노프. 민음사. 1996

『망언의 뿌리를 찾아서』. 한계옥. 자유포럼(주). 1998

『민족사연구 1·2』. 오재성, 여운건. 리민족사연구회. 1996

『바닷길은 문화의 고속도로였다』. 윤명철. 사계절. 2000

『발해 건국 1300주년』. 고구려연구회. 학연문화사. 1999

『발해국과 말갈족』. 사회과학원. 중심. 2001

『발해국과 유민의 역사』. 서병국. 대진대학교 출판부. 2000

『발해를 다시 본다』. 송기호. 주류성. 1999

『발해사』. 박시형. 이론과 실천. 1989

『발해의 수수께끼』. 최봉렬 역. 교보문고. 1994

『밝혀질 우리 역사』. 오재성. 리민족사연구회. 1997

『백산학보 38호(발해는 무엇 때문에 네 차례나 수도를 옮겼는가)』. 방학봉. 1991

『백산학보 39호(발해 멸망에 관한 재검토)』. 김은국. 1992

『백제 건국문제의 재검토』. 전북대학원 사학과 최범호. 1994

『백제 금동대향로』. 서정록. 학고재. 2001

『백제 집권 국가형성과정 연구』. 이도학. 한양대학원. 1991

『백제·백제인·백제문화』. 박종숙. 지문사. 1992

『백제를 다시 본다』. 최몽룡. 주류성. 1998

『백제연맹왕국 형성기의 대중국 군현관계 연구』. 문인식. 동국대학원 사학과. 1995

『백제와 대화일본의 기원』. 홍원탁. 구다라 인터내셔널, 1994

『백제이야기(잊혀진 우리의 역사)』. 박현숙. 대한교과서. 1999

『사기』. 요코야마 미쓰테루. 대현출판사. 1999

『상고사의 새발견(삼한의 뿌리역사)』. 이중재. 동신출판사. 1993

『상고조선 삼천년사』. 최재인. 정신문화사. 1998

『새로 밝혀지고 있는 우리 민족사』. 리민족사연구회. 2000

『새롭게 쓴 한국고대사』. 김기흥. 역사비평사. 1994

『손에 잡히는 고려이야기』. 박기현. 늘푸른 소나무. 2000

『신라는 삼국을 통일했는가』. 김영하. 역비논단.

『실증 한단고기』. 이일봉. 정신세계사. 1998

『역사 스페셜 1』. 정종목. 효형출판. 2000

『역사 스페셜 2』. 정종목. 효형출판. 2000

『연구사 야마대국』. 佐伯有淸. 길천홍문관. 1971
『연해주에 남아 있는 발해』. 연해주 문화유적 조사단 엮음. 고려학술문화재단. 1999
『연해주에 남아있는 발해』. 고려학술재단. 연해주 문화유적조사단. 1999
『왜곡과 진실의 역사』. 김삼웅. 동방미디어. 1999
『우리 고대사』. 오재성. 리민족사연구회. 2004
『우리 역사 5천년을 어떻게 볼 것인가』. 이만열. 바다출판사. 2000
『위대한 백제왕국』. 김택수. 고려서적(주). 1994
『윤관 9성 재고』. 백산학보 21호. 1976
『이야기 중국사』. 조관희. 청아. 1998
『이이화의 못 다한 한국사 이야기』. 이이화. 푸른역사. 2000
『일본 고교 역사교과서의 고대 한국에 대한 기술의 문제점』. 이기동. 한일문화교류기전. 1989
『일본 왕가의 뿌리』. 안동준. 이화문화출판사. 1993
『일본고대사 연구 비판』. 최재양. 일지사. 1990
『일본서기』. 성은구 역주. 고려원. 1993
『일본은 열도에 없었다』. 정용석. 청노루. 1997
『잃어버린 역사를 찾아서』. 노희상. 다물. 1996
『쟁점으로 본 한국사』. 김육훈. 푸른나무. 1996
『정말 거기에 백제가 있었을까』. 엄기표. 고래실. 2004
『조선상고사』. 신채호. 일신서적. 1998
『중국 북방이족과 조선상고사』. 나동현. 홍문당. 1994
『중국과 일본을 지배한 우리 겨레』. 김태희. 세종. 1998

『중국사』. 윤내현. 민음사. 1991

『중국은 한나라가 아니었다』. 신형식. 솔. 1996

『중원』. 정용석. 청노루. 1995

『중학교 국사』. 교육부. 1999

『지도로 보는 우리 역사』. 오재성. 리민족사연구회. 1992

『참과 거짓의 역사Ⅱ』. 정용석. 청노루. 1996

『천문학 및 천체물리학 서론』. 유경로 역. 대한교과서. 1997

『천하의 중심 고구려』. 이윤섭. 코리아 쇼케이스. 2004

『천황은 백제인인가』. 송기윤. 대교출판사. 1998

『초자연』 제1편. 다이얼 왓슨. 인간사. 1991

『최초의 민족통일국가 고려』. 이이화. 한길사. 1999

『춤추는 신녀』. 이종기. 동아일보사. 1997

『태양계와 우주』. 안홍배·이형목. 부산대학교 출판부. 1996

『펼쳐라 고구려』. 서병국. 서해문집. 2004

『하늘의 과학사』. 나카야마 시게루. 가람기획. 1991

『한국 고대사 다시 쓰여져야 한다』. 전우성. 을지서적. 1998

『한국 고지도 발달사』. 이상태. 혜안. 1999

『한국 사상의 신발견』. 최인. 오늘. 1988

『한국고대사 산책』. 한국역사연구회 고대사 분과. 역사비평사. 1994

『한국고대사 신론』. 윤내현. 일지사. 1986

『한국고대사』. 윤내현. 삼광. 1989

『한국고대사의 새로운 체계』. 이종욱. 소나무. 1999

『한국고대사의 신연구』. 신형식. 일조각. 1984

『한국사 X 파일』. 남경태. 다림. 1999
『한국사 그 끝나지 않는 의문』. 이희근. 다우. 2001
『한국사 흐름의 검증』. 곽창권. 현음사. 2001
『한국사상의 신발견』. 최인. 오늘. 1988
『한국사와 동아시아』. 동아시아사 연구회. 동문. 1997
『한국상고사 연구』. 김연학. 범우사. 1990
『한국상고사』. 최태영. 유풍출판사. 1997
『한국열국사연구』. 윤내현. 지식산업사. 1998
『한국의 역사와 문화(한국사16강)』. 한양대학교 한국사연구실. 한양대학교 출판부. 1996
『한국의 역사와 문화』. 한용근. 경희대학교 출판부. 1997
『한국의 전방후원분』. 신경철. 충남대학교 출판부. 2000
『한국인에게는 역사가 없다』. 정용석. 청노루. 1997
『한국인의 역사의식』. 이범직・김종연. 청년사. 1999
『한권으로 읽는 백제왕조실록』. 박영규. 웅진닷컴. 2000
『한글 동이전』. 김재선・엄애경・이경. 서문문화사. 1999
『한단고기』. 임승국. 정신세계사. 1986
『한민족 대외 정벌기』. 박선식. 청년정신. 2000
『한민족사와 사상의 원류』. 최광열. 사사연(思社研). 1987
『한반도가 작아지게 된 역사적 사건 21가지』. 박현. 두산동아. 1997

바로보인의 책들

① 바로보인 전등록 (전30권을 5권으로)

7불과 역대 조사의 말씀이 1,700공안으로 집대성되어 있는 선종 최고의 고전으로, 깨달음의 정수가 살아 숨쉬도록 새롭게 번역되었다.

464쪽, 464쪽, 472쪽, 448쪽, 432쪽.
각권 18,000원

② 바로보인 무문관

황룡 무문 혜개 선사가 저술한 공안집으로 『전등록』, 『선문염송』, 『벽암록』 등과 함께 손꼽히는 선문의 명저이다.
본칙 48개와 무문 선사의 평창과 송, 여기에 역저자인 대원 문재현 선사의 도움말과 시송으로 생명과 같은 선문의 진수를 맛보여 주고 있다.
272쪽. 12,000원

③ 바로보인 벽암록

설두 선사의 『설두송고』를 원오 극근 선사가 수행자에게 제창한 것이 벽암록이다.
이 책은 본칙과 설두 선사의 송, 대원 문재현 선사의 도움말과 시송으로 이루어져, 벽암록을 오늘에 맞게 바로 보이고 있다.
456쪽. 15,000원

④ 바로보인 천부경

우리 민족 최고(最古)의 경전 천부경을 깨달음의 책으로 새롭게 바로 보였다. 이 책에는 81권의 화엄경을 81자에 함축한 듯한 천부경과, 교화경, 치화경의 내용이 함께 담겨 있으며, 역저자인 대원 문재현 선사가 도움말, 토끼뿔, 거북털 등으로 손쉽게 닦아 증득하는 문을 열어놓고 있다.

432쪽. 15,000원

⑤ 바로보인 금강경

대원 문재현 선사의 『바로보인 금강경』은 국내 최초로 독창적인 과목을 내어 부처님과 수보리 존자의 대화 이면의 숨은 뜻을 드러내고, 자문과 시송으로 본문의 핵심을 꿰뚫어 밝혀, 금강경 전체를 손바닥 안의 겨자씨를 보듯 설파하고 있다.

488쪽. 15,000원

⑥ 세월을 북채로 세상을 북삼아

대원 문재현 선사의 선시가 담긴 선시화집 『세월을 북채로 세상을 북삼아』는 선과 시와 그림이 정상에서 만나 어우러진 한바탕이다. 선의 세계를 누리는 불가사의한 일상의 노래, 법열의 환희로 취한 어깨춤과 같은 선시가 생생하고 눈부시게 내면의 소리로 흐른다.

180쪽. 15,000원

⑦ 영원한현실

애매모호한 구석이 없이 밝고 명쾌하여, 너무도 분명함에 오히려 그 깊이를 헤아리기 어려운, 대원 문재현 선사의 주옥같은 법문을 모아 놓은 법문집이다.

400쪽. 15,000원

⑧ 바로보인 신심명

신심명은 양끝을 들어 양끝을 쓸어버리는, 72 대치법으로 이루어진, 3조 승찬 대사의 게송이다.

이를 대원 문재현 선사가 바로 번역하는 것은 물론, 주해, 게송, 법문을 더해 통쾌하게 회통하고 자유자재 농한 것이 이『바로보인 신심명』이다.

296쪽. 10,000원

⑨ 바로보인 환단고기 (전5권)

『바로보인 환단고기』 1권은 민족정신의 정수인 환단고기의 진리를 총정리하여 출간하였다.

2권에는 역사총론과 태초에서 배달국까지 역사가 실려있으며, 3권은 단군조선, 4권은 북부여에서부터 고려까지의 역사가 실려있다. 5권에는 역사를 증명하는 부록과 함께 환단고기 원문을 실었다.

264 · 368 · 264 · 344 · 344쪽. 각권 12,000원

⑩ 바로보인 선문염송 (전30권 중 6권)

선문염송은 1,454칙의 본 공안으로 이루어져 있는 세계최대의 공안집이다. 전 공안을 망라하다시피 했기에 불조의 법 쓰는 바를 손바닥 들여다보듯 하지 않고는 제대로 번역할 수 없다. 대원 문재현 선사는 전 공안을 바로 참구할 수 있게끔 번역하고 각 칙마다 일러보여 공안 참구의 길잡이 역할을 하였다.

352 · 368 · 344 · 352 · 360 · 360쪽. 각 15,000원

⑪ 앞뜰에 국화꽃 곱고 북산에 첫눈 희다

대원 문재현 선사의 선문답집으로 전강 · 경봉 · 숭산 · 묵산 선사와의 명쾌한 문답을 실었으며, 중앙일보의 <한국불교의 큰스님 선문답> 열 분의 기사와 기자의 질문에 대한 대원 문재현 선사의 별답을 함께 실었다.

200쪽. 5,000원

⑫ 바로보인 증도가

선종사에 사라지지 않을 발자취로 남은 영가 선사의 증도가를 대원 문재현 선사가 번역하고 법문과 송을 더하였다.
자비의 방편인 증도가의 말씀을 하나 하나 쳐가는 선사의 일갈이야말로 영가 선사의 본 의중과 일치하여 부합하는 것이라 아니할 수 없다.

376쪽. 10,000원

⑬ 바로보인 반야심경

이 시대의 야부 선사, 대원 문재현 선사가 최초로 반야심경에 과목을 붙여 반야심경 내면에 흐르는 뜻을 밀밀하게 밝혀놓고 거침없는 송으로 들어보였다.

200쪽. 10,000원

⑭ 선(禪)을 묻는 그대에게 (전10권 중 1권)

대원 문재현 선사의 선수행에 대한 문답집. 깨달아 사무친 경지에 대한 밀밀한 점검과, 오후보림에 대한 구체적인 수행법 제시와, 최초의 무명과 우주생성의 원리까지 낱낱이 설한 법문이 담겨 있다.

280쪽. 15,000원

◦ **법문 테이프를 주문판매합니다**

　부처님의 78대손이신 대원(大圓) 문재현(文載賢) 전법선사님의 법문 테이프가 나왔습니다. 책으로만 보아서는 고준하여 알기 어려웠던 선문(禪文)의 이치들이 자세히 설하여져 있어서, 모든 궁금증을 시원하게 풀어 줄 것입니다.

　바로보인 천부경 : 15,000원(테잎 4개)　　바로보인 금강경 : 40,000원(테잎 10개)
　바로보인 신심명 : 30,000원(테잎 6개)　　바로보인 법성게 : 10,000원(테잎 2개)

　● 국민은행 820-21-0519-059　예금주 : 위일석
　입금하시고 전화하시면 즉시 부쳐드립니다.

◦ **삼원선원 홈페이지**

　대한불교정맥전승회 삼원선원의 홈페이지에는 선원소개와 더불어 2004년 11월 대원 문재현 선사님이 제자들을 이끌고 달마에서 육조까지 중국 선종사찰을 법거량하며 주유한 동영상이 실려있습니다.

　또한 이 홈페이지를 통해서 대원 선사님과 직접 선에 대한 문답을 나눌 수 있습니다. '바로보인 출판사'의 출간 의지와 출간된 책의 내용도 실려 있으니 관심있는 분들의 격려와 성원을 바랍니다.

　☞ 홈페이지 : www.zenparadise.com
　　　E-mail　 : samwonzen@empal.com